CB138409

DO LUTO IMPEDIDO
AO LUTO COLETIVO

CONSELHO EDITORIAL

André Luiz V. da Costa e Silva

Cecilia Consolo

Dijon De Moraes

Jarbas Vargas Nascimento

Luís Augusto Barbosa Cortez

Marco Aurélio Cremasco

Rogerio Lerner

Blucher

DO LUTO IMPEDIDO AO LUTO COLETIVO

Um caso clínico-político

Sandra Luzia de Souza Alencar

Do luto impedido ao luto coletivo: um caso clínico-político
© 2024 Sandra Luzia de Souza Alencar
Editora Edgard Blücher Ltda.
Série Dor e Existência, organizada por Cibele Barbará, Miriam Ximenes Pinho-Fuse e Sheila Skitnevsky Finger

Publisher Edgard Blücher
Editor Eduardo Blücher
Coordenador editorial Rafael Fulanetti
Coordenação de produção Andressa Lira
Produção editorial Ariana Corrêa
Preparação de texto Ana Maria Fiorini
Diagramação Negrito Produção Editorial
Revisão de texto Maurício Katayama e MPMB
Capa Leandro Cunha
Imagem da capa Escrever sobre o dia à noite, 2022, gravura em metal (mezzotinta), de Greta Coutinho

Blucher

Rua Pedroso Alvarenga, 1245, 4º andar
04531-934 – São Paulo – SP – Brasil
Tel.: 55 11 3078-5366
contato@blucher.com.br
www.blucher.com.br

Segundo o Novo Acordo Ortográfico, conforme 6. ed. do *Vocabulário Ortográfico da Língua Portuguesa*, Academia Brasileira de Letras, julho de 2021.

É proibida a reprodução total ou parcial por quaisquer meios sem autorização escrita da editora.

Todos os direitos reservados pela Editora Edgard Blücher Ltda.

Dados Internacionais de Catalogação na Publicação (CIP)
Angélica Ilacqua CRB-8/7057

Alencar, Sandra Luzia de Souza
Do luto impedido ao luto coletivo : um caso clínico-político / Sandra Luzia de Souza Alencar – São Paulo : Blucher, 2024.
288 p. (Série Dor e Existência)

Bibliografia
ISBN 978-85-212-2362-7

1. Psicanálise. 2. Luto. I. Título.

24-2025 CDD 150.195

Índice para catálogo sistemático:
1. Psicanálise

Sobre a Série Dor e Existência

A presente série se dedica a publicar livros que tratam das dores da existência no contexto dos fenômenos sociais e políticos contemporâneos, tendo como referencial a teoria e clínica psicanalítica em diálogo com outros discursos. Abordar esses fenômenos não para catalogá-los, mas essencialmente interrogar aquilo que os determina e, principalmente, cingir suas incidências subjetivas e os modos possíveis de respostas em face do Real, ou, de outra forma, os modos de "resistir, para seguir vivendo", como diz a música popular.[1]

Nos idos de 1930, Freud[2] ressaltou que, apesar dos inúmeros benefícios que o processo civilizatório nos proporciona, ele também é fonte inesgotável de dissabores e mal-estar. Viver inserido na civilização implica em renúncias, privações e adiamentos, que

1 "*Resistiré, para seguir viviendo*", no original. "Resistiré", canção composta por Carlos Toro Montoro e Manuel de La Calva Diego.

2 Freud, S. (1930/2010). O mal-estar na civilização. In S. Freud, *Obras completas* (Vol. 18; pp. 13-122; P. C. de Souza, Trad.). Companhia das Letras. (Publicado originalmente em 1930).

ocasionam perda de satisfação e limitam sobremaneira a ânsia humana por felicidade. Estruturalmente restringida, a felicidade só é alcançada em momentos breves e esporádicos, enquanto o sofrimento é uma constante que nos ameaça a partir de três fontes principais: as forças prepotentes da natureza, a fragilidade de nosso próprio corpo e as relações com os outros seres humanos dada a insuficiência das normas que regulam os vínculos afetivos e sociais. Freud considerou esta última fonte o sofrimento que mais nos deixa estremecidos.

Dos tempos de Freud para os nossos, poder-se-ia esperar que o sofrimento humano tivesse sido abrandado graças às melhorias e às notáveis conquistas nos campos científico, tecnológico, econômico e até social. É um paradoxo, mas as pessoas não parecem mais felizes que outrora. Em uma época vetorizada pelas conquistas de mercado, ou seja, produção-consumo-descarte tanto quanto possível, as pessoas se sentem cada vez mais pressionadas a serem produtivas, competitivas, eficientes e bem-sucedidas, em paralelo ao desmantelamento dos laços sociais e do sentido de pertencimento a uma determinada comunidade ou grupo. Sem contar com o anteparo das redes e dos mecanismos de solidariedade e de apoio comunitário, as pessoas certamente se encontram mais vulneráveis. Promovem-se assim pensamentos e relações de teor mais individualista em que o consumo de objetos acena como a principal fonte de satisfação e realização. Em vez da prometida felicidade oriunda do progresso, redobram-se os alertas para o aumento significativo das taxas de depressão, suicídio e obesidade. Por toda parte, queixas de solidão e liquidez dos laços sociais.

Decantadas por filósofos e artistas, as dores da existência são inerentes à condição humana diante da constatação da vida como pura e insuportável contingência, sem sentido *a priori*. Para Lacan, a dor de existir irrompe no momento extremo, limiar em que se esgotam para o sujeito todas as vias do desejo, quando nada mais o habita "senão esta existência mesma, e que tudo, no excesso do sofrimento, tende a abolir esse termo inextirpável que é o desejo de viver".[3] Na última fronteira da existência nua e crua, há o despertar para o Real. Porém, a dor de existir denota também uma face humana, que ocorre com a perda inaugural no momento de entrada no campo da linguagem, que imprime em nós as suas leis, os seus limites na falta do significante último da existência, mas que nos concede, em contrapartida, nessa falta mesma, o desejo para nos sustentar para além desse ponto intolerável da existência. Logo, a dor de existir é constituinte de nossa humanidade, em que estamos sempre no risco da perda.

Se Freud apontou que viver em sociedade cerceia nossas pretensões de satisfação, ou seja, nossas possibilidades de gozo, Lacan, por sua vez, considera que a perda de gozo não se deve à sociedade, mas ao fato de sermos seres falantes, "maldição que o discurso, antes, modera", ponderou Colette Soler,[4] em livro que abre esta série. Logo, o discurso é tanto fonte de sofrimento quanto de tratamento possível para as dores da existência. Eis aí um dos grandes paradoxos humanos: Se a existência não tem sentido em si mesma e não há nenhum sentido a ser encontrado, sobra para cada um a invenção dos modos possíveis de se continuar vivendo.

Entretanto, há situações extremas, adventos do Real, que levam o sujeito ao esgotamento das vias de seu desejo. A dor irrompe nesse ponto limite arrasando os ideais e as ficções de si mesmo, restando simplesmente a crueza da existência quando todo o desejo nela se desvanece. Poderá o sujeito resistir? De que modo ou por quais vias?

3 Lacan, J. (1958-1959/2016). *O seminário, livro 6: o desejo e sua interpretação* (p. 133; C. Berliner, Trad.). Jorge Zahar.

4 Soler, C. (2021). *De um trauma ao Outro* (p. 25). Blucher.

Importa-nos justamente levar ao público títulos que tratam, em suas diferenças, das dores que acompanham as situações-limites – perdas radicais, violência, racismo e outras intolerâncias e abusos diversos –, considerando que a patologia do particular está intrinsecamente relacionada com as patologias do social. Sem a pretensão de esgotar essas situações e seus efeitos disruptivos, desejamos que cada livro possa contribuir para enlaçar e intercambiar saberes e experiências, na aposta de que algo sempre se transmite, ainda que com furos e, às vezes, de modo artificioso.

Cibele Barbará, Miriam Ximenes Pinho-Fuse
e Sheila Skitnevsky Finger

Organizadoras da Série Dor e Existência

À memória de meus pais, Eurico e Luzia.

Não é que o luto seja a meta da política, porém, sem essa capacidade para o luto perdemos esse sentido mais profundo da vida de que necessitamos para nos opor à violência.

J. Butler

Apresentação

O trabalho ora apresentado em forma de livro partiu de uma pesquisa de doutorado cuja tese foi intitulada *A experiência do luto em situação de violência: entre duas mortes*, defendida em 2011. Para sua adaptação ao formato de livro, o texto foi reorganizado e, em determinadas partes, reelaborado. No entanto, no que se refere ao eixo das discussões, citações e referências bibliográficas foram mantidas de acordo com o texto original.

Por que tomar o luto como objeto de pesquisa e reflexão? Já na época do trabalho de pesquisa essa pergunta se colocava e, no tempo presente, em que retomo o trabalho, ela mostra sua atualidade.

O que fazemos com as mortes públicas – mortes pela violência da desigualdade social, de classe, étnico-racial, de gênero, de cultura – e com as nossas perdas individuais? Para onde elas vão em nós, no nosso corpo, cultura, relações sociais? Como pergunta Clarice Lispector, em sua crônica *Mineirinho*, como continuamos? No contexto das discussões ora apresentadas, indagar e refletir sobre o luto também possibilitam perguntar sobre como somos afetados. Que palavra temos para falar das mortes das crianças Yanomami para que sejam registradas como acontecimento[1] e marca de horror? Marca que revele indigno quem promove uma política genocida.

As questões aqui levantadas não têm pretensão de ineditismo, mas uma pergunta implica posição política. Uma pesquisa ou discussão é sempre feita a partir de um recorte. O recorte feito também constitui um caminho que tem algo de singular, não individual, pois é com muitos outros que vai sendo tecido. Assim, é possível dizer que o modo de abordar os problemas aqui colocados tem como referência os trabalhos e debates desenvolvidos pelo Laboratório Psicanálise, Sociedade e Política, vinculado ao Instituto de Psicologia da Universidade de São Paulo, coordenado pela professora Miriam Debieux Rosa, cujos estudos e formulações teóricas, para além de estarem presentes no corpo do texto, são referência determinante para o meu caminho na psicanálise, marcado pela compreensão e prática clínico-política, cujo capítulo "Uma experiência em saúde pública e o método clínico-político" é um exemplo. Muitos tempos transcorreram até a presente publicação. E se luto e tempo são categorias teóricas e experiências indissociáveis, como aprendemos com Freud em *Luto e melancolia*, talvez o tempo transcorrido até a publicação deste livro também seja correlativo à implicação da autora com o tema da discussão.

1 Žižek, S. (2017). *Acontecimento: uma viagem filosófica através de um conceito.*

Prefácio

Miriam Debieux Rosa

A práxis psicanalítica como resistência à produção de mortos-vivos nos porões da democracia

O livro *Do luto impedido ao luto coletivo: um caso clínico-político*, de Sandra Luzia de Souza Alencar, é um presente para psicanalistas, trabalhadores da saúde mental, críticos dos regimes de violência de todos os campos epistemológicos, profissionais que trabalham com políticas públicas em educação e justiça social. E também é um presente para mim, pois acompanhei a práxis psicanalítica da autora em vários campos de violação de direitos, assim como a construção de sua tese de doutorado, esta resultante dessas práticas *clínico-políticas*.

O livro é fruto de um trabalho clínico e teórico desenvolvido ao longo de muitos anos e apresentado anteriormente no doutorado da autora. A autora detecta de modo inédito o modo de operação de processos autoritários sobre o sujeito em situações de violência e subalternização – o impedimento do luto aí comparece como estratégia política de silenciamento. Avança também na direção do tratamento dessas questões, fundamentando a prática psicanalítica clínico-política realizada no território. Seu trabalho foi um dos que fundamentou e alicerçou o lugar da política na clínica psicanalítica quando a maioria dos psicanalistas julgava ser a política um campo exterior ao campo psicanalítico, ou que a psicanálise poderia contribuir para a análise filosófica e/ou para a crítica social das violências, sem desdobramentos para a prática clínica, sem a escuta dos sujeitos enredados nessas tramas de poder. Sandra Luzia de Souza Alencar foi uma das fundadoras do Laboratório Psicanálise e Sociedade (PUC-SP/USP), em 1995, e do Laboratório Psicanálise, Sociedade e Política (USP), em 2002.

Este livro é fundamental por apresentar fundamentos teóricos, clínicos e políticos, pois as relações de dominação persistem, naturalizam-se e têm se ampliado de maneira desconcertante no Brasil e no mundo.

A produção de mortos-vivos sai dos porões da "democracia" para ganhar a cena pública com a adesão dos muitos atraídos pela paixão odiosa e falaciosa de mortificar o outro. A gestão social e política na lógica da guerra capitalizada por interesses de mercado devasta as regras de convivência e as relações de alteridade. A lógica da guerra que favorece o estreitamento dos laços grupais em nome dos nacionalismos opera como versão repaginada de um racismo destrinchado no conceito de necropolítica, formulado por Achille Mbembe, que esclarece o que está por trás do "deixar morrer", que tem concretizado e fundamentado assassinatos, seja nos porões da "democracia", seja à luz do dia com justificativas várias – em nome da lei, da ordem, da justiça, da moral.

Por isso, retomo, o livro é um presente, um sopro de lucidez por sua consistência teórica finamente articulada à práxis em território de produção de sofrimento sociopolítico e de perpetuação de relações de poder que utilizam, além da força bruta e dos assassinatos, a produção da dessubjetivação em torno das práticas sociais violentas, produzindo horror, silenciamento e o esgarçamento dos recursos sociais e psíquicos de resistência, a ponto de desumanizar e descaracterizar a vida – mortos-vivos não lutam, não protestam, morrem lenta e silenciosamente, sem luto. Sem laços, sem o outro, são expostos ao desamparo social, material, cultural e discursivo.

Outro importante trabalho da autora, citado brevemente no livro, precede este: o que Sandra Alencar desenvolveu como psicóloga de uma instituição prisional, onde ela articulou sua formação psicanalítica à sua formação marxiana para evidenciar a subtração do tempo – de vida, de juventude, de produção, de maternidade – dos homens e mulheres que lotam as prisões, quase todos periféricos, quase todos pobres, quase todos negros.

Em sua dissertação de mestrado, *Tempos de prisão: seus efeitos na subjetividade*, apresentada ao Programa de Estudos Pós-Graduados de Psicologia Social da Pontifícia Universidade Católica, abordou os efeitos na subjetividade dos sujeitos que cumprem pena de prisão. A partir da observação do fenômeno do retorno dos indivíduos que por ela passam, destaca que os processos identificatórios e o tempo se impuseram como elementos que incidem na subjetividade, concorrendo para o retorno à prisão.

A autora destacou as alterações no tempo que se processa junto com o encarceramento. Demonstrou que o tempo passado na prisão é vivido num eterno presente, ao modo do tempo do traumático, e que os sujeitos parecem não reconhecer o tempo que passam na prisão como um tempo vivido ou um tempo de vida perdido, querendo reencontrar e reatar relações no mesmo ponto em que foram deixadas. Essa contraposição entre o tempo de dentro e o tempo de fora da prisão impossibilita aos sujeitos se articularem a projetos e ao movimento da vida fora da prisão. A escuta dos aprisionados possibilitou a Sandra Alencar traçar como se constitui um lugar-cidade que opera com leis e regras próprias, à revelia das leis oficiais que regem o Estado brasileiro – fora, portanto, da ordem democrática.

Fora dos muros explícitos da prisão, Sandra Alencar demonstra neste livro como se opera a subtração da vida e do tempo na vida social, em especial nas franjas periféricas da sociedade. Tal debate comparece de modos distintos em autores de diversas áreas do conhecimento, como Lacan, Arendt, Foucault, Derrida, Agamben e Butler, convergindo para demonstrar como as relações de dominação abalam a potência do sujeito, e mesmo a apropriação de sua humanidade, quando isolado das regras da pólis – abalam o sentido da vida.

Esses autores se apoiam na concepção grega que utiliza duas palavras que se compõem para designar vida: *zoé* e *bios*. A primeira expressa a vida natural, puramente orgânica, a *vida nua*, o corpo biológico. As situações de violência e opressão visam reduzir os sujeitos a corpos mudos. Agamben, no livro *O que resta de Auschwitz*, apresenta essa redução dos sujeitos nos campos de concentração na Segunda Guerra Mundial – na figura dos mortos-vivos, aqueles que supostamente perderam a humanidade, cuja morte ou vida não importa para a sociedade, o que justifica a supressão do ordenamento jurídico, das leis sociais.

Esse processo se expande na vida social com o propósito de aprisionar em guetos e favelas todos aqueles que se constituem em refugo vivo do nosso tempo, os que estão à margem da produção capitalista. O que fica perdido nessa modalidade de laço social produzido pela opressão é a segunda expressão da vida, *bios*, que indica a vida humana propriamente dita, a vida que acontece na experiência com o outro e com a participação na pólis, âmbito da política do bem-viver.

No livro está presente a instrumentalização política do sujeito pela via das paixões, em que o ódio comparece como inflação narcísica que opera com a indiferença e a ignorância e justifica a destruição do outro – trata-se de uma política que substitui ou tenta apagar a função civilizatória do lugar da alteridade. O par nessa relação se faz com os sujeitos emudecidos pelo terror de se verem destituídos de sua humanidade e em risco permanente de morte. Sandra Alencar destrincha, no caso do assassinato de jovens periféricos, como se produz na vida social, na cidade, essa instrumentalização. Mais do que isso, a autora demonstra modos de resistência e enfrentamento político e psíquico a partir do campo da saúde mental, para enlaçar, fazer laço, religar sujeitos e pulsão na direção da vida na pólis.

No livro comparecem essas estratégias de poder que incidem sobre o sentido da vida, explicitadas a partir do caso clínico-político. De um lado, a desumanização do outro, na atribuição da qualidade de incivilizado ou monstruoso, para justificar a violação dos direitos – no caso, o jovem assassinado é suspeito de antemão e, sem que haja provas de que tenha cometido algum crime, é desqualificado como um cachorro, como um bandido, o que justificaria por si só a sua morte pela polícia, sem perda, sem luto, pois a essa vida não se atribui valor. De outro lado, a estratégia policial de silenciar a investigação dos parentes com ameaças às suas vidas, modo de lhes impor sua lógica, desqualificando o filho morto e determinando a reduzida participação dos parentes na pólis. Junto com a produção da morte do jovem produz-se, ao redor, nos parentes e próximos, a vida nua, puro corpo, sem palavra possível para expressar sua revolta, sua dor e viver o seu luto – apenas a vida nua, como mortos-vivos.

Sandra Alencar, em textos e práticas corajosos, e profundamente implicada política e subjetivamente, enfrenta essa temática e entra no cerne da operação de destituição da subjetividade a partir de uma experiência até então entendida como um processo puramente individual e intrapsíquico: o luto.

O impedimento do luto surge como arma de guerra eficiente e invisível, inclusive aos olhos dos profissionais da saúde, que, imersos e isolados em seus próprios campos, diagnosticam patologias individuais em vez de processos de enredamento psíquico nas malhas do poder. O diagnóstico apressado de depressão e o tratamento paliativo patologizam os processos sociais em jogo. Essas práticas passam a compor a lógica do poder que cala, isola e controla – não as dores, mas as mentes e desejos – e, dessa forma, mantém eclipsada a dimensão sociopolítica do sofrimento. Nesse cenário não será só o policial o operador do dispositivo de silenciamento, mas também os profissionais da saúde, que, desavisados e/ou indiferentes, passam a compor a malha de dominação dos que devem se manter subalternos, sem força, sem desejo, sem laço.

Distinguir na práxis, no caso clínico-político, o processo de luto daqueles processos de impedimento do luto possibilita um avanço considerável no campo da saúde mental. Enseja outra direção de tratamento que dê conta das complexidades em jogo, recupere as forças políticas e ponha em marcha as forças psíquicas – do luto à luta –, não sem antes tematizar e demonstrar a face coletiva do luto, sem a qual o luto singular não consegue se processar.

Sandra Alencar faz emergir a potência coletiva para fazer frente à violência, desmantelando seus processos, desativando seus mecanismos. Temos recursos e possibilidades, mas efetivá-los requer decisão política, políticas públicas, implicação subjetiva e invenção, pois cada situação envolve diferentes padrões e pares – num processo de enredar pares e ímpares em uma mesma direção

A autora nos convida a sair das distopias atuais que nos paralisam. O desafio na clínica e na vida está em como contrapor outras formas de expressão da vida para além da que nos torna seres inteiramente privados: privados da presença dos outros e da realidade que advém de um mundo compartilhado. Retomar a vida como *bios* supõe o deslocamento do gozo politicamente monitorado e mortífero para o desejo, para uma práxis caracterizada pelo resgate da experiência compartilhada do mundo; supõe a presença dos laços de amor e amizade que fazem ruir alegremente as grades opressoras do poder soberano. Trabalho psíquico e político que se faz bem acompanhado – esse é o convite que este livro nos faz.

Conteúdo

Introdução

As indagações e problematizações que apresento partiram da minha prática clínica em um serviço público de saúde mental, iniciada em 2003. Contudo, anteriormente a esta experiência trabalhei em instituições da área da assistência social que realizavam atendimentos a crianças e adolescentes em situação de rua. Assim, testemunhava condições precárias do existir, as quais portavam ameaças e perigo à vida que, muitas vezes, se efetivavam. Nas ruas das grandes cidades, crianças e adolescentes *desaparecem* sem que os poderes públicos respondam por estas vidas e mortes. São mortes que ocorrem anonimamente. Posteriormente ao trabalho de escuta, nas ruas, daquelas crianças e adolescentes, trabalhei no sistema penitenciário do estado de São Paulo, incluindo o hospital penitenciário. Os efeitos deste sistema nos homens que cumprem sentença prisional foram objeto de outro estudo que desenvolvi,[1] no qual indaguei sobre as determinações do tempo cronológico que compõem a pena de prisão e seus efeitos subjetivos. As perguntas

1 *Tempos de prisão: seus efeitos na subjetividade* [Dissertação de mestrado, Pontifícia Universidade Católica de São Paulo], 2001.

sobre as temporalidades, ali implicadas, levaram ao tempo (de vida) que a sentença prisional, em tempo-espaço, subtrai de quem praticou um delito. Assim, a indagação se voltava para o impacto dessa subtração, para o modo como esta perda de tempo (de vida) era subjetivada. Questão complexa, que colocava a implicação de um saber sobre a perda. Contrária e contraditoriamente a este reconhecimento, a perda sofrida recalcamento. No momento de finalização do trabalho desenvolvido, um novo fenômeno se apresentava, a morte de homens que adentram no sistema prisional para cumprir uma sentença espaçotemporal, mas que, em muitos casos, jamais saem da prisão, pois nela morrem. Fenômeno que também era subnotificado, processo que invisibiliza a relação entre as mortes e esse sistema.

Retomar essas referências, no contexto da presente discussão, tem como objetivo chamar a atenção para produções sociais de mortes e, com isso, apontar que, longe de serem processos naturais, a vida e a morte sofrem determinações econômicas, sociais e políticas. Tempo de vida e condição de vida estão intrinsecamente relacionadas.

Em subsequente experiência profissional, agora desenvolvida no espaço de um serviço público de saúde mental, a perda por morte novamente se apresentou e revelava sua determinação social. Nessa unidade de saúde, muitas das demandas por atendimento psicológico estavam relacionadas a sofrimentos desencadeados por situações de violência. Situações que envolviam crianças, adolescentes e adultos, provenientes de contextos diversos, como de escolas e casos relacionados aos Conselhos Tutelares. Neste novo contexto, foi a partir de casos, geralmente de mulheres, que eram faladas ou se apresentavam com diagnóstico de depressão, que um fenômeno foi se revelando, a perda que essas mulheres sofriam ou haviam sofrido, mas que ficava subsumida nos discursos que circulavam no serviço de saúde. Muitas vezes, até a chegada à unidade de saúde, essas mulheres haviam feito percursos institucionais em que se processava uma cisão entre perda e sofrimento, de tal modo que sofria recalcamento a relação entre seu adoecimento e a perda sofrida. Processo que levava da dissociação entre o adoecimento e a perda sofrida à dissociação entre morte e perda e que tinha como uma de suas consequências o silenciamento. Ordem de silenciamentos que oprimiam novamente e produziam sintomas. Se o que pude escutar daquelas mulheres era a perda de seus filhos por mortes em situações de violência, a negação de valor e importância à vida de seus filhos era mais violência sobre elas. As perdas de seus filhos mostravam corte de classe e étnico-racial da morte.

A partir do que diziam as mães, o que se apresentava era que, em caso de morte violenta, em contexto de desigualdade social, em que a pessoa morta é suspeita ou autor de ato delitivo, sua morte deixa de contar como uma vida perdida e o Estado deixa de ser responsável por assegurar ações de segurança pública para todos, pois há os que ficam excluídos desse direito. Assim, comumente, não há averiguação ou mesmo registro dessas mortes, com responsabilização dos envolvidos. É neste contexto social e institucional que determinadas vidas desaparecem sem deixar marca e sem se constituir em vida perdida. Como desdobramento deste funcionamento, opera uma colagem entre suspeito ou autor de ato criminoso-delitivo e negação de que com a morte houve perda de uma vida humana. Que amálgama é esse que se processa sobre determinadas vidas e mortes e como ele incide sobre os familiares, mais especificamente sobre mães que perdem seus filhos em circunstâncias de violência?

A partir da escuta daquelas mulheres vinha à tona a morte de jovens, frequentemente, negros, moradores da periferia, cuja morte não recebia reconhecimento público de perda e, por vezes, era novamente invisibilizada e silenciada sob o diagnóstico de depressão. O complexo quadro das demandas por atendimento psicológico feitas ao serviço apontava para o território e para os diversos setores das políticas sociais. No espaço de um serviço público de saúde iam se revelando particularidades para o luto nos casos de mortes em situações de violência.

Chaui, ao abordar a noção de violência, toma como base a etimologia da palavra, definindo a violência como ação de desumanizar; relação de objetificação e hierarquia que, por meio da força física, instrumentos ou posição, se estabelece como dominação e opressão sobre outro(s), pondo-o(s) na condição de objeto de satisfação de quem exerce a violência:

> *Etimologicamente, violência vem do latim vis, força e significa: 1) tudo o que age usando a força para ir contra a natureza de algum ser (é desnaturar); 2) todo ato de força contra a espontaneidade, a vontade e a liberdade de alguém (é coagir, constranger, torturar, brutalizar); 3) todo ato de violação da natureza de alguém ou de alguma coisa valorizada positivamente por uma sociedade (é violar); 4) todo ato de transgressão contra aquelas coisas e ações que alguém ou uma sociedade define como justas e como um direito; 5) consequentemente, violência é um ato de brutalidade, sevícia e abuso físico e/ou psíquico contra alguém e caracteriza relações intersubjetivas e sociais definidas pela opressão, intimidação, pelo medo e pelo terror. A violência se opõe à ética por que trata seres racionais e sensíveis, dotados de linguagem e de liberdade como se fossem coisas, isto é, irracionais, insensíveis, mudos, inertes ou passivos. Na medida em que a ética é inseparável da figura do sujeito racional, voluntário, livre e responsável, tratá-lo como se fosse desprovido de razão, vontade, liberdade e responsabilidade é tratá-lo não como*

> *humano e sim como coisa, fazendo-lhe violência nos cinco sentidos em que demos a esta palavra.*[2]

As referências oferecidas por Chaui sobre o lugar e condições em que situações e relações violentas acometem os indivíduos somam no debate para lançar luz sobre como determinadas circunstâncias que marcam as mortes de jovens moradores das periferias, suspeitos ou acusados de práticas infracionais ou criminosas, são usadas para justificar, além da violência em que essas mortes ocorrem, o tratamento dado aos familiares, estabelecendo, assim, um *continuum* de violência. Estas referências também são encontradas em Butler e contam para delimitar a perspectiva de abordagem da situação de violência, que pode não só marcar a vida de determinadas pessoas ou grupos sociais, mas mesmo incidir de tal forma que se torna parte constituinte destas vidas:

> *A violência é seguramente uma pequena amostra da pior ordem possível, um modo aterrorizante de expor o caráter originalmente vulnerável do homem em relação a outros seres humanos, um modo pelo qual nos entregamos sem controle à vontade do outro, um modo pelo qual uma vida mesmo pode ser eliminada pela ação deliberada de outro. Na medida em que caímos na violência, atuamos sobre outro, pondo o outro em perigo, causando-lhe dano, ameaçando eliminá-lo. De algum modo, todos vivemos com esta particular vulnerabilidade, uma vulnerabilidade ante o outro que é parte da vida corporal, uma vulnerabilidade ante estes súbitos acessos vindos de outra parte que não podemos*

---

2 Chaui, M. (1998). *Colóquio Interlocuções com Marilena Chaui: ética e violência* (p. 2).

> *prevenir. Entretanto, esta vulnerabilidade se exacerba sob certas condições sociais e políticas, especialmente quando a violência é uma forma de vida e os meios de autodefesa são limitados.*[3]

Butler enfatiza que a violência é comumente associada a determinados territórios ou setores, de tal forma que se naturaliza esta associação e consequentemente a violência que se abate sobre seus moradores; processo que se evidencia pela corriqueira vinculação entre violências e grupos sociais, estabelecida segundo critérios étnicos, etários, econômicos, sociais e políticos. Considerar a violência como prática que se liga a determinados grupos ou indivíduos, conforme aqueles critérios, nega ou desconsidera a vulnerabilidade a que estes grupos ou indivíduos estão expostos de maneira mais dramática ainda que outros. E, neste sentido, Butler alerta para o que denomina distribuição geopolítica da vulnerabilidade corporal.[4]

A partir da escuta de familiares, o que se explicitava era a abordagem dispensada pelas instituições de segurança pública a determinadas vidas/mortes, cujo efeito era negar aos familiares o reconhecimento de que haviam sofrido uma perda, evidenciando que, para determinados setores da população, há disjunção entre morte e perda. Há um funcionamento social que trata determinadas mortes como política de segurança, revelando a contradição entre o que é experienciado pelos familiares nas instituições públicas e o que formalmente é estabelecido no texto das leis. É neste funcionamento institucional e social que se naturaliza a morte violenta de jovens, produzindo dissociação entre perda e morte.

---

3 Butler, J. (2009). *Vida precária: el poder del duelo y La violência* (F. Rodriguez, Trad.; p. 55). Paidós. Todas as citações são traduções minhas.

4 Ibid.

Como desdobramento e continuidade da violência, aos familiares se negam mensagens de pesar e amparo, assim como os rituais, incluídos aí os religiosos, que entram em suspensão e não se mostram efetivamente disponíveis.

São situações que lançam os sujeitos em desamparo social e discursivo, conforme nos diz Rosa (2002) sobre a desproteção simbólica que se sobrepõe à social e que recai sobre sujeitos que vivem em situação de pobreza. Essas situações também mostram sua relação com os cinco sentidos de violência elencados por Chaui. Nestas condições, a que ou a quem atribuir a morte de um filho? Pergunta feita por uma mãe ao lhe ter sido negado o processo de averiguação sobre a morte do filho.

Em "Uma escuta psicanalítica de vidas secas", Rosa toma como objeto de discussão os impactos e consequências do modelo econômico neoliberal sobre a subjetividade e os laços sociais, dando destaque ao risco de confrontação com o traumático como um de seus efeitos: "A exposição traumática é dupla: por um lado, sua ocorrência é facilitada; por outro, os recursos necessários à elaboração do trauma encontram-se diminuídos, promovendo efeitos de dessubjetivação".[5]

As formulações de Rosa são aqui tomadas como uma das referências para as discussões sobre a experiência do luto em situação de violência, pois a autora aponta a dimensão de proteção das estruturas discursivas que conferem pertencimento que resguardam o sujeito do real. Contrariamente a este lugar de proteção discursiva, o que familiares enunciavam era a exclusão que sofriam em nome das leis que deveriam oferecer proteção e amparo social, com isso sendo lançados em um percurso que os levava a um lugar de solidão e desamparo. Esta exclusão que recai sobre os familiares

5 Rosa, M. D. (2002). Uma escuta psicanalítica de Vidas Secas. *Textura: Revista de Psicanálise*, (2), 2.

os remete para fora dos laços compartilhados e nega pertencimento humano ao ente querido perdido. Isso que se pode escutar das *Mães de Acari* e de uma das mães atendidas no serviço de saúde acima referido. A cena em que encontrou o filho morto espelha uma condição que lhe retirava pertencimento humano, pois se assemelhava a um lugar em que se compara a um animal. Condição e imagem insuportáveis. Palavras que mostram o lugar ao qual o tratamento dado à morte de seu filho a remetia. Assim, o encontro com quem ela possa compartilhar a retira do lugar de silenciamento e emudecimento mortíferos, como diz Rosa sobre a dimensão do traumático.

Nos casos dos quais partiram as questões aqui apresentadas, a condição de vítima era recoberta pela de suspeito-culpado, dadas as circunstâncias da morte. Acusações feitas *a priori* e independentemente de averiguação; omissão que revela uma posição política com múltiplas consequências para o enlutado e para os laços sociais. Com a escuta das mulheres no espaço de um serviço de saúde, o que foi se revelando era que, em determinadas circunstâncias de morte, o luto dos familiares sofre impedimento de um nome que confira dignidade ao seu objeto de amor e com o qual se possa recobrir o corpo morto que, sem um nome ou palavra, permanece insepulto; excesso de presença que cria impasses para o passado e a memória. Contraditoriamente, são vidas que desaparecem sem deixar marcas. Vidas perdidas em segredo, que também foram vividas em segredo.

Pinho-Fuse, em seus estudos sobre rituais fúnebres, aborda a dessacralização da morte e a desritualização do luto. A autora, com base em alguns estudos históricos e antropológicos sobre a morte, destaca a importância dos rituais fúnebres para o que confere humanidade: "As práticas rituais correspondem assim a um exercício de dignidade humana, do mesmo modo que a ausência de qualquer tipo de cuidado do cadáver, em tempos de guerra, de regimes ditatoriais ou de extermínio, implica uma das mais cruéis formas de negação da humanidade".[6]

O luto é um trabalho de simbolização da perda, muitas vezes, incessante. Simbolização que obedece à lei da cultura. Os rituais são histórica, social e culturalmente produzidos. São patrimônio humano e, com eles, o indivíduo recobre o real de sua perda. Mas, se as mortes, nas situações específicas de violência de que trata este estudo, se mantêm em um *continuum* no qual é reiterada a violência, a negação daquele patrimônio se constitui em mais uma dimensão da violência. Assim, com Butler,[7] as questões aqui abordadas se voltam para o luto em uma distribuição social e política que, como era possível escutar dos casos que chegavam à instituição pública de saúde, podem sofrer impedimento.

À desigualdade social em que vivem determinados grupos e setores sociais, sobre os quais se abatem mortes evitáveis e que são naturalizadas, segue-se a desigualdade do tratamento dado aos familiares, com efeitos sobre o luto. O que está em questão na distribuição social e política do luto é revelador de quais vidas importam e *valem a pena* serem vividas.[8]

Tempos do luto: do ponto de partida à apresentação do texto

Passaram-se cerca de vinte anos entre o tempo das ações clínico-políticas que ensejaram a pesquisa e escrita da tese de doutorado intitulada *A experiência do luto em situação de violência: entre duas*

6 Pinho-Fuse, M. X. (2022). *Luto à flor da pele: tatuagens* in memoriam *em leitura psicanalítica* (p. 26). Blucher.

7 Butler, op. cit.

8 Ibid.

mortes, defendida em 2011, e a apresentação do texto atual, em forma de livro. Assim, é possível dizer que diversos tempos atravessam este livro.

Neste momento, ao retomar as discussões sobre o luto, um *acontecimento* atravessou nosso tempo: em 2020, fomos tomados de assalto pela pandemia de covid-19. No Brasil, a pandemia de covid-19 teve particularidades que agravaram exponencialmente esta crise sanitária. A consequência da pandemia, nas particularidades da realidade política brasileira, foi a morte de mais de 700 mil pessoas. Sabemos que, para além das mortes, a infecção pelo coronavírus deixou extensas sequelas em milhões de pessoas, as quais ainda são objeto de estudo e pesquisa.

Slavoj Žižek, em *Acontecimento: uma viagem filosófica através de um conceito*, entre tantas das acepções que toma para abordar o que constitui um acontecimento, nos diz:

> *Eis um acontecimento em seu estado mais puro e essencial: algo chocante, fora do normal, que parece acontecer subitamente e que interrompe o fluxo natural das coisas; algo que surge aparentemente a partir do nada, sem causas discerníeis, uma manifestação destituída de algo sólido como alicerce.*[9]

Se em uma das acepções apontadas um acontecimento interrompe o fluxo natural das coisas, precisamos perguntar qual dimensão de acontecimento foi dada à covid-19. Pois sabemos que o governo brasileiro do momento declarou como excludentes as recomendações da Organização Mundial da Saúde (OMS) e a economia. E, assim, tratou os graves problemas sanitários que se

9 Žižek, S. (2017). *Acontecimento: uma viagem filosófica através de um conceito* (p. 8).

colocavam com a pandemia com postura negacionista, lançando o país no desgoverno e dando as costas para setores populacionais já gravemente vulnerabilizados. Assim, o que se colocava, de forma explícita, era que para *salvar* a economia não se podia parar, que a vida devia seguir seu fluxo como se nada estivesse *acontecendo*; nada que de fato tivesse a força necessária para interromper o ritmo cotidiano. Quais as consequências sociais e humanitárias de tal política de governo? Quais as consequências e os efeitos subjetivos de negar um acontecimento?

Os impactos da pandemia não são homogêneos. Há especificidades de múltiplas ordens. Impactos para categorias de profissionais que atuaram na linha de frente, como é o caso dos trabalhadores da saúde, que obtiveram em algum nível reconhecimento social, e outras que, a despeito da excessiva visibilidade, foram esquecidas, como é o caso dos trabalhadores do serviço funerário. A estas heterogeneidades se somam as desigualdades regionais, destacando-se a situação de Manaus (AM).

No âmbito das particularidades, os povos indígenas não só não contaram com uma política de saúde que levasse em consideração as suas particularidades,[10] como os índices e as análises das lideranças indígenas e de especialistas apontam uma direção política que se revela pelos dados:

> *Um estudo realizado entre a Coordenação das Organizações Indígenas da Amazônia Brasileira (Coiab) e o Instituto de Pesquisa Ambiental da Amazônia (Ipam), divulgado no mês de junho, demonstrou que a taxa de mortalidade pelo coronavírus entre indígenas é 150% mais alta do que a média brasileira, e 20% mais alta do*

10 Disponível em: https://covid19.socioambiental.org/.

> *que a registrada somente na região Norte. Igualmente preocupante é a taxa de letalidade, ou seja, quantas pessoas infectadas pela doença morreram: entre os indígenas, o índice é de 6,8%, enquanto a média para o Brasil é de 5% e, para a região Norte, de 4,5%. O estudo também revela que a taxa de infecção (por 100 mil habitantes) é 84% mais alta entre indígenas do que a taxa do Brasil.*[11]

Quando o governo brasileiro determinou que não havia acontecimento e que todos deveriam seguir o fluxo normal, negando a dimensão de acontecimento, para onde foram as dores, excessos vividos, testemunhados, perdas sofridas? Como tal situação marcou os profissionais da saúde, os trabalhadores do serviço funerário, trabalhadores da limpeza, os condutores de transportes coletivos, de tantas áreas que não podiam parar? Que lembranças têm? Com quem falam? Se a morte causa desorganização no coletivo, qual o impacto das perdas pela covid-19? Quais os efeitos no corpo/subjetividade? Sem entrar nas diversas e extensas questões que se colocam com a pandemia de covid-19, agravadas pela particularidade da realidade política que o Brasil vivia, ao abordar e levantar questões sobre *os lutos*, é possível dizer que conferir dimensão de acontecimento à crise sanitária, considerando particularidades, possibilita abrir espaços para que os diversos setores da população e os profissionais das diversas áreas possam falar e encontrar formas coletivas e singulares para elaborar o vivido. Um acontecimento, como nos diz Žižek, interrompe o fluxo, corta o tempo.

---

11 Brasil. (2020, 26 nov.). Expectativa de vida dos brasileiros aumenta 3 meses e chega a 76,6 anos em 2019. *Agência IBGE Notícias*. https://agenciadenoticias.ibge.gov.br/agencia-noticias/2012-agencia-de-noticias/noticias/29505-expectativa-de-vida-dos-brasileiros-aumenta-3-meses-e-chega-a-76-6-anos-em-2019.

Tempo e escrita do luto

O luto precisa de tempo, nos diz Freud.[12] Se há pouco marquei a distância entre o tempo da experiência que ensejou uma pesquisa de doutorado e o da apresentação do presente texto, talvez os tempos envolvidos neste percurso deixem transparecer que também para este trabalho e sua escrita estão implicados lutos. Um luto se tece em um trabalho de escrita. Também é possível dizer que a escrita (se) tece (em) um trabalho de luto?

Pinho-Fuse, em seu trabalho sobre as tatuagens *in memoriam* como forma de escrita de um luto,[13] realiza detalhado estudo sobre os modos possíveis de tratamento de uma perda que enseja um luto, questão que a autora correlaciona ao processo contemporâneo de desritualização do luto, por sua vez um efeito da dessacralização da morte, diante da qual o indivíduo é remetido à tarefa de encontrar formas de simbolizar sua perda. Nesta tentativa, o corpo se constitui em suporte para a escrita do luto, um modo possível de subjetivar a perda. Assim, parafraseando o texto lacaniano *O mito individual do neurótico*, Pinho-Fuse propõe as tatuagens como um rito fúnebre individual do neurótico:

> *propomos ler os modernos cerimoniais fúnebres que reconfiguram os ritos tradicionais como um pequeno "rito individual" que mescla a memória religiosa herdada, os novos valores totêmicos, os modos contemporâneos de compor laços sociais e os gostos e valores da história subjetiva. Se o denominamos "rito individual",*

---

12 Freud, S. (1980q). Luto e melancolia. In S. Freud, *Edição Standard Brasileira das Obras Completas de Sigmund Freud* (Vol. XIV). Imago. (Publicado originalmente em [1915]1917).

13 Pinho-Fuse, 2022.

> *não é por se propor solitário ou privado da presença de terceiros, mas por associar-se a uma busca privativa de homenagem fúnebre e tratamento possível do pensar. . . . A tatuagem fúnebre, enquanto "terapêutica de invenção individual", opera como uma moldura simbólico-imaginária por meio da qual uma mudança (passagem) na relação com o morto pode se efetuar, sob certas condições.*[14]

Atenta a que o trabalho de reflexão sobre a proscrição contemporânea do luto não seja tomado como prescrição, a autora aponta que as tatuagens podem ser formas de escrita do luto, algo contingencial e verificável no caso a caso.[15]

Alçar ao simbólico uma perda é o trabalho que o luto realiza. Tarefa que, como aponta Freud, não é de simples resolução e guarda enigmas.[16] Se a teoria freudiana do luto é eixo para as reflexões, a estas se somam elaborações de autores contemporâneos da psicanálise, assim como autores de outros campos, como da saúde e da sociologia.

Os textos de Rosa sobre a dimensão sociopolítica do sofrimento são referências para as reflexões aqui desenvolvidas sobre as vicissitudes das perdas em situações de desigualdade e violência.[17] Rosa, ao abordar as diversas situações e contextos que destituem os sujeitos de um lugar de enunciação, capturando seu discurso a partir da lógica da patologização e da criminalização, enfoca o

---

14 Ibid., pp. 456-457.

15 Ibid.

16 Freud, S. (1980ab). Sobre a transitoriedade. In S. Freud, *Edição Standard Brasileira das Obras Completas de Sigmund Freud* (Vol. XIV). Imago. (Publicado originalmente em [1915]1916).

17 Rosa, M. D. (2016). *A clínica psicanalítica em face da dimensão sociopolítica do sofrimento*. Fapesp; Escuta.

campo social e político, marcado por correlações de forças que, em contextos de trabalho subalternizados, de migrações forçadas e de dimensões conflitivas da lei, impõem sob a igualdade formal a desigualdade social concreta. É este processo de destituição que Rosa nomeia como dimensão sociopolítica do sofrimento:

> *A prática clínico-política nesse âmbito relança as demandas institucionais, em geral focadas naqueles indivíduos que desorganizam ou atacam as normas institucionais. Estas são relançadas para diagnosticar, não o indivíduo, mas os laços sociais que atualizam os processos de exclusão em curso, e buscar reverter e inverter a direção das práticas de modo que permita a todos a elaboração e seu lugar na cena social. Desse modo permite detectar, sinalizar e intervir nas formas sutis de preconceitos – de classe, de raça ou de gênero – presentes nos mecanismos institucionais que se efetivam pelas práticas ditas científicas que fazem recair sobre indivíduos os acontecimentos, desvinculados da sua história pessoal, familiar, institucional, social e política. Difere de uma abordagem de diagnósticos autoexplicativos, posição que retira artificialmente o sujeito da cena institucional e discursiva, do contexto social e histórico, e seu comportamento pode ser imaginarizado como destituído de sentido, e, desde aí, remetido seja ao campo da causalidade orgânica, da evidência de patologias, seja à dimensão da criminalização.*[18]

A partir da prática clínica em serviço público de saúde, a circunstância que envolve a morte se impôs como categoria que pode,

---

18 Ibid., p. 196.

desde o campo sociopolítico, degradar o objeto de amor perdido e impactar o enlutado, tendo como efeito um impedimento do luto. O que aponta o cenário social, histórico, cultural em que se tece um luto. Enfocar estas dimensões tem efeitos na medida em que possibilita reverter discursos patologizantes e medicalizantes que recaem sobre os indivíduos e abstraem o campo social.

Se o luto é um trabalho psíquico de desligamento dos laços libidinais que atam o indivíduo ao seu objeto de amor perdido, ele não é isolado do campo social e é necessário, diz Freud, que o enlutado passe por uma prova de realidade, que tem a função de afirmar a perda sofrida: "Ele não está mais". Afirmação à qual o enlutado insistirá em se opor, processo doloroso e complexo que pede tempo e condições de elaboração.

Esta consideração freudiana aponta para um reconhecimento que parte do campo social e atua no sujeito possibilitando o registro da perda. No trabalho de desligamento libidinal do objeto de amor perdido que constitui o luto, o reconhecimento é, junto ou anterior à afirmação da perda, a afirmação de um laço com um objeto de amor.

No serviço público de saúde, o que a escuta de mães e familiares apontava era que, a depender das circunstâncias da morte, o campo social dava prova de que não havia perda a ser chorada. Nestes casos, em vez da afirmação da perda, que atua no sujeito com força de desligamento do objeto de amor perdido, o que escutavam era a negação da perda sofrida. Assim, diante da morte de um familiar ou amigo, pode ser que a mensagem não seja de reconhecimento da perda e do morto como objeto de amor. Se, a depender das circunstâncias da morte, o discurso que circula degrada o objeto, como esta mensagem impacta o luto? O que acontece com o afeto de amor que liga o sujeito ao seu objeto?

Tempo e valor e as vidas que importam

O que confere valor a uma vida? Valor e tempo são categorias que caracterizam o modo de produção capitalista e podem lançar luz sobre a particularidade do luto em situação de violência, em que é negado o reconhecimento da perda. São tempos de vida que são eliminados, e vidas para as quais não se diz que "tinham todo um futuro pela frente".

Como dito anteriormente, as questões aqui levantadas partiram da minha experiência clínica em instituições, e um caso clínico, que passei a nomear "Flor", tornou-se fio condutor das indagações. O caso se constituiu ao mesmo tempo que recortou um cenário e produziu questões sobre a dimensão social e política do luto, possibilitando que se manifestasse sua condição pública.

Ao ir a uma delegacia de polícia, a mãe de um jovem assassinado, ele nomeado Júnior e ela Flor, recebe uma abordagem que a desampara e silencia. As falas de uma autoridade policial degradam seu objeto de amor e isto tem efeito sobre seu luto – um efeito de impedimento, é isso que passo a escutar de Flor. Assim, o silêncio de Flor é pensado como emblemático de um funcionamento social, e olhar para suas determinações demarca o terreno sobre o qual podem ser erguidas formulações sobre o luto na particularidade de situações de violência, em que o peso da suspeita ou acusação contra a pessoa morta desqualifica-a como o objeto de amor.

Nesta perspectiva, o próprio recorte já aponta que o luto é um processo que se realiza na intersecção entre o subjetivo e o social. Nesta relação se criam recursos socioculturais que medeiam a elaboração de uma perda, assim como o reconhecimento ou a negação de que com a morte há perda. Relacionar o luto às circunstâncias da morte, pensando numa relação de dependência, produz um duplo movimento: traz o espaço-tempo social para o luto e leva o luto para o espaço-tempo social. Daí a consideração de que o luto não é um processo de natureza privada, mas social e política.

Morte e luto: fenômenos sociais

A morte é evidenciada em sua relação com o campo social e político, contrariando a noção de morte como fenômeno natural. Socialmente determinada, a morte se inscreve nos laços sociais e políticos que tecem e constituem a vida. Esta relação, que faz da morte um acontecimento social, está implicada no luto. Em *Reflexões para os tempos de guerra e morte*, Freud extrai consequências da relação dos homens com a evidência da morte como acontecimento social:

> *É evidente que a guerra está fadada a varrer esse tratamento convencional da morte. Esta não mais será negada; somos forçados a acreditar nela. As pessoas realmente morrem, e não mais uma a uma, porém muitas, frequentemente dezenas de milhares, num único dia. E a morte não é mais um acontecimento fortuito. Certamente, ainda parece uma questão de acaso o fato de uma bala atingir esse ou aquele homem, mas uma segunda bala pode muito bem atingir o sobrevivente; e o acúmulo de mortes põe um termo à impressão de acaso.*[19]

Considerar o processo de socialização e politização da morte e do luto permite trazer para o debate um dos espaços em que a

---

19 Freud, S. (1980aa). Reflexões para os tempos de guerra e morte. In S. Freud, *Edição Standard Brasileira das Obras Completas de Sigmund Freud* (Vol. XIV, pp. 329-330). Imago. (Publicado originalmente em 1915).

morte é socializada e politizada: o campo religioso, para o qual correntemente os indivíduos se dirigem em busca de palavras e explicações para recobrir o furo que a morte abre na existência.

A politização se apresenta na própria naturalização e mistério em que a morte é colocada pelas religiões. Neste campo, a morte é atribuída ao divino, e, se ela se constitui em um limite para a relação entre os homens, não o é para os laços com Deus, pois ela também faz parte de Sua Vontade.

Porém, observar que a morte é registrada como Vontade e em Nome de Deus aponta que a morte, assim como a vida, necessita de registro. Registro que é condição de humanização da morte. A quem ou a que se atribui a morte? Esta é uma pergunta que está implicada na relação do enlutado com a perda de seu objeto de amor.

A morte real necessita de recobrimento simbólico. Esta é a função do luto, subjetivar a perda sofrida. Ao abordar as relações sociais, pelas circunstâncias da morte, é possível identificar impedimentos para o recobrimento, como em *Antígona*, obra cujos elementos contribuem para a abordagem do problema aqui recortado. A tragédia de Antígona se tece pelo impedimento de sepultar o irmão Polinices. Assim, *Antígona* é tomada como mediação para as reflexões e para suscitar questões sobre o impedimento sofrido por Flor e os efeitos daí decorrentes.

"Antígona" pode ser considerado substantivo plural com o qual nomear as mulheres que são impedidas de chorar a perda dos filhos que deram à luz. Sob a condição de impedimento, essas mulheres são remetidas a um lugar entre duas mortes, formulação utilizada por Lacan, ao discutir a ética da psicanálise, referindo-se a Antígona.[20] Trata-se de um lugar-tempo fora dos laços compartilhados.

---

20 Lacan, J. (1997). *O seminário, livro 7: a ética da psicanálise (1959-1960)* (A. Quinet, Trad.). Jorge Zahar Editor.

Isto que ouvimos Antígona dizer do lugar em que foi lançada e a partir de onde clama por testemunho.

O caso aqui apresentado, Flor, evidencia que há circunstâncias que podem impedir o recobrimento da morte como Vontade Divina. Nesse processo, cai o véu que possibilita atribuir à morte uma dimensão de mistério. Se diante da Vontade de Deus os homens devem se resignar e dela não querer saber, mas crer, ao não poder atribuir a morte a Esta Vontade, pergunta Flor: em nome de que ou de quem seu filho morreu? Este é o reconhecimento que ela pede. Um nome para recobrir e assim humanizar a morte de seu filho. Luta que é a de Antígona, sepultar seu irmão Polinices e, com este ato, que o corpo do irmão não permaneça insepulto, pois, nesta condição, não há passagem para o outro mundo, onde os mortos são recebidos; não há passado nem memória, mas apenas presente, condição *unheimlich*.

Estas são questões que estão na indagação sobre as circunstâncias violentas da morte e suas implicações para o luto, na medida em que se estabelece um processo de indiferenciação entre morte e circunstâncias, e esta indiferenciação oferece terreno para a negação da morte como perda.

Ariès e Elias, ao abordarem as mudanças histórico-sociais com relação à morte, afirmam que na sociedade contemporânea a morte constitui o que representou a sexualidade para a sociedade vitoriana: tema proibido.[21] Exemplo disso é que não se deve falar dela na frente das crianças, tampouco se permite que estas presenciem velórios e enterros.

---

21 Ariès, P. (2000). *O homem perante a morte* (A. Rabaca, Trad.). Publicações Europa-América, 2000; Elias, N. (2001). *A solidão dos moribundos* (P. Detzen, Trad.). Jorge Zahar Editor.

Ainda que por caminhos diferentes da abordagem desses dois autores, Abraham e Torok afirmam que o luto é matéria sacrílega e exemplificam o caráter sacrílego do luto a partir do próprio mal-entendido entre Freud e Abraham. O mal-entendido não é independente da matéria abordada, pois todos sentimos aversão a penetrar nas tramas do luto:

> *Tal série de mal-entendidos não pode ser atribuída ao efeito de um puro acaso. Abraham pressente a fecundidade de seu achado, ele insiste e nós compreendemos. Mas, o que pensar de tal resistência por parte de Freud com relação a uma observação clínica? Ela ilustra a aversão que sentimos em penetrar, de maneira sacrílega, na natureza íntima do luto. Não é de espantar que, por falta de encorajamento do mestre, Abraham será levado a minimizar o alcance desse tema. Ele não lhe reservará, na verdade, senão um lugar restrito no artigo decisivo de 1924 –* "Esboço de uma história do desenvolvimento da libido baseado na psicanálise das perturbações mentais", *sem extrair as consequências teóricas e clínicas que ela implica.*[22]

As formulações desses autores podem possibilitar, para além das dificuldades por eles apontadas, advertir sobre o recalque que recai sobre as dimensões da desigualdade social da morte e do luto.

A morte tem circunstância, e tanto a morte como suas circunstâncias revelam desigualdades de classe. Se as condições desiguais de vida na sociedade capitalista são reconhecidas, a despeito dos recorrentes e inúmeros casos de mortes violentas que mostram a

---

22 Abraham, N., & Torok, M. (1995). *A casca e o núcleo* (M. J. R. F. Coracinil, Trad.; p. 217). Escuta.

face racista e desigual da sociedade que produz mortes evitáveis, vige um silêncio e se convive com indiferença em relação a estas.

Ao abordar o luto, uma pergunta guia este trabalho: em que circunstâncias a perda foi sofrida? Procurando destacar três aspectos: a situação em que ocorreu a morte; o reconhecimento público e social de que houve perda; e o espaço-tempo do e para o luto.

Esses três aspectos remetem aos lugares da morte e do luto, e, no caso específico de onde partem as questões aqui apresentadas, os lugares se referem: ao lugar em que ocorreu a morte, uma favela; ao espaço da rua, local em que o corpo foi encontrado; ao espaço do serviço público de saúde ao qual foi demandado tratamento; ao território de localização do serviço de saúde e de moradia da pessoa que procurou o tratamento; ao lugar-funcionamento psíquico do trabalho de desligamento do objeto de amor e dos caminhos do amor.

Estas dimensões de lugar indicam o reconhecimento da morte como perda como resultado da articulação entre o singular, o social e político. E o luto é correlativo a esta articulação, porque é com base nela que o luto é autorizado, ou, pelo contrário, sofre proibição e, com esta, impedimento.

O luto, longe de ser uma experiência individual isolada dos laços sociais, é experiência subjetiva, mediada histórica, social, política e culturalmente. Mas, se essa consideração aponta a importância do campo social para o luto, também importa pensar como reverbera no campo social a relação que este mantém com o luto.

Com relação a este movimento, refiro-me sobretudo a mortes públicas, como o massacre do Carandiru em 1992, que resultou em 111 mortos; a chacina da Candelária em julho de 1993, com dez pessoas assassinadas, entre elas oito crianças e adolescentes e dois adultos, e muitos outros feridos; e o massacre de Eldorado do Carajás, que resultou em dezenove mortes. Estas são algumas situações em que pode se falar de dimensões públicas do luto.

A fim de abordar a problemática apontada, no primeiro capítulo, apresento fragmentos da análise de um caso clínico. É importante ressaltar que este caso não constituía uma situação isolada, pelo contrário, inscrevia-se em um contexto que apresentava um quadro de violência. Compõem esse capítulo comentários sobre a abordagem dos sintomas em psicanálise, de modo a problematizar os encaminhamentos dados com base unicamente nos Códigos de Classificação de Doenças, em sua versão CID-10. No segundo capítulo apresento o modo de funcionamento do serviço na relação com a demanda. Na segunda parte, dividida em três capítulos, levanto hipóteses e articulações teóricas com o caso Flor. As articulações são feitas com base no referencial teórico psicanalítico. Como recurso de mediação para as análises, apoio as reflexões em excertos de duas obras clássicas da literatura: *Antígona*, de Sófocles, e *Hamlet*, de Shakespeare.[23]

No contexto abordado, o silêncio porta um tempo sem movimento, e a introdução da dimensão diacrônica e sincrônica do tempo aparece como possibilidade de saída do impedimento pela recuperação do passado histórico que lança questionamentos. Nessa linha de análise, a palavra como narrativa e o tempo como movimento são operadores para o trabalho do luto. Assim, com Benjamin, lanço interrogações, objetivando que elas sejam centelhas que retirem da obscuridade fenômenos que, por serem tomados como sacrílegos, pouco são interrogados.

Levanto hipótese sobre cálculos que estão implícitos no reconhecimento dado ou negado à morte como perda. Por fim, no

23 Sófocles. (2003). *Antígona* (M. Fernandes, Trad.). Paz e Terra. (Publicado originalmente em 441 a.C.); Shakespeare, W. (2010). *O primeiro Hamlet – in-quarto de 1603* (J. R. O'Shea, Trad.). Hedra. (Publicado originalmente em 1603).

último capítulo, de modo resumido, sistematizo uma intervenção orientada pela perspectiva da saúde coletiva e pelo referencial psicanalítico, numa perspectiva clínico-política. Nessas perspectivas, o território se constituiu em espaço de ação para a construção da experiência compartilhada, coletiva, do luto.

Parte I

Caso clínico-político e o território

1. O silêncio de Flor: amor, dor e resistência na experiência do luto em situações de violência

Flor é uma mulher negra, com 47 anos de idade, moradora de um bairro da periferia da cidade de São Paulo. Ela chega a um serviço público de saúde mental por intermédio de uma colega de trabalho, que anuncia o sofrimento de Flor: depressão.

Na primeira entrevista, Flor relata seus sintomas: está insone, não conversa, não tem vontade de nada, sente dificuldade de respirar, está sufocada. Em uma consulta psiquiátrica (no mesmo serviço de saúde), cerca de duas semanas antes desta primeira entrevista, recebeu diagnóstico de depressão. Estava medicada, e acrescenta: "mas não melhorei".

Na data da primeira entrevista, faz um mês que o filho de Flor foi assassinado. As circunstâncias em que encontrou o filho morto são o conteúdo das sessões. Descreve aspectos de acontecimentos que parece relacionar com a cena da perda do filho. Diz Flor: "*Ele não dormiu em casa... fiquei ligando para o telefone celular dele, mas ele não atendia... Eu fiquei ligando...* aí uma mulher atendeu e ela me perguntou se eu conhecia o dono daquele telefone, porque ele estava morto, caído lá no chão. Eu dei um grito e caí. As pessoas lá no... (local de trabalho) *vieram correndo, me ajudaram a levantar*".

Após ter a notícia da morte do filho, Flor foi com o marido ao local indicado. O filho estava ali, diz Flor: "*Estava ali, jogado no chão, morto, morto como um cachorro!*". Esta é uma cena que vai se repetir no discurso desta mulher.

Foram cerca de oito encontros com Flor. Neles, *detinha-se* a narrar as circunstâncias em que o filho morreu: encontrado no chão, numa rua em uma favela, com o corpo marcado por agressões. Esta cena a faz associar o filho morto a uma condição não humana – "*Estava ali, jogado no chão, morto, morto como um cachorro!*" –, o que é insuportável para Flor, mais do que a própria morte.

Algo entre seus sintomas assume destaque para Flor: não consegue chorar. Ao descrever os sintomas, embora não o verbalize, sua fala destaca o estranhamento de viver silenciosamente a morte do filho – morte seca, tomando aqui a referência de Allouch.[1] Flor é católica, mas não encomendou missa, também não cuidou da sepultura, não foi ao sepultamento. Diz não conversar com os vizinhos nem com as colegas de trabalho. Não atende ao telefone, recusa que se relaciona com o medo: com o que o filho estava envolvido? As circunstâncias da morte produzem esta pergunta substanciada por suspeitas que, no campo social, constituem-se em justificativas da morte e da condição em que ocorreu. Justificativas que levam à negação da própria lei (que proíbe o assassinato) e naturalizam o fato de que uma vida foi perdida: a justificativa encobre a perda. E Flor não é indiferente a isto. Ao ir à delegacia de polícia, instituição legítima para denunciar o assassinato de uma pessoa e que deve responder com a lei ao familiar, Flor tem negado

1 Allouch, J. (2004). *Erótica do luto no tempo da morte seca* (P. Abreu, Trad.). Companhia de Freud.

seu direito. Na delegacia, o que escuta é que ela não deve querer saber. Estas são as palavras que recebe da autoridade policial: "*Nestes casos é melhor não mexer, é melhor deixar isso para lá*". Quais *casos*, porém, são estes a que se refere o policial? O que ele sabia sobre o filho desta mulher? Afinal, o que escutamos é que Flor recebeu, como ordenamento, as palavras proferidas pela autoridade da instituição pública de segurança: devia silenciar. Com estas palavras e de "onde" elas são proferidas se constituem os sintomas de Flor; os sintomas mostram sua articulação com o "mandado" da autoridade, que se reveste de verdade.

Com o caso Flor, vemos o espaço público da morte, onde ela acontece, em que condições e os sentidos que a recobrem; espaço que necessita ser considerado ao abordar o luto. Se o luto é trabalho de elaboração de uma perda sofrida, as circunstâncias da morte e os sentidos a ela atribuídos colocam em questão a noção de perda como afirmação que é dada pela realidade, como "teste" para a passagem ao luto, como diz Freud.[2]

No cenário em que Flor perde seu filho, as circunstâncias da morte operam encobrindo a perda sofrida; antepõem-se, proibindo a própria dor da perda, e têm força de impedimento do caminho de tramitação do afeto, obstaculizando o trabalho do luto.

A direção das intervenções clínicas foi a de deslocar o anteparo que as circunstâncias interpunham para o reconhecimento do filho como objeto de amor e da experiência de perda. Reconhecer a perda sofrida é condição para a entrada em luto, trabalho que dá lugar de dignidade de objeto de amor e possibilita simbolizar a perda e constitui memória, não mais o eterno presente de um corpo insepulto.

---

2 Freud, S. (1980q). Luto e melancolia. In S. Freud, *Edição Standard Brasileira das Obras Completas de Sigmund Freud* (Vol. XIV). Imago. (Publicado originalmente em [1915]1917).

Em *Luto e melancolia*, ao delimitar a melancolia, Freud a particulariza em relação ao luto pela identificação e fixação ao/do objeto de amor perdido.[3] Tomando esta referência e acompanhando o que conta Flor, algo parecia anteceder à relação com o objeto na sua condição de amoroso: as circunstâncias da morte. Com a continuidade das sessões, Flor caminhou para formular perguntas que abriam questionamentos sobre as palavras proferidas na instituição pública de segurança e que se revestiam de verdade e saber. Palavras que impediam Flor de falar sobre sua perda. Poderia ela sair daquela condição em que vivia, emparedada, como Antígona, com seu objeto de amor perdido que, pelas circunstâncias da morte, foi posto em suspensão enquanto tal? Nas sessões, as intervenções se dirigiam a separar o que havia sido condensado pelas circunstâncias da morte e a negação de perda de uma vida digna de amor. Intervenções que lançavam questionamentos sobre as palavras que lhe foram ditas nas instituições de segurança e que se revestiam de verdades.

Uma pergunta, feita por Flor, exemplifica as reflexões. Em um processo em que novamente descreve as circunstâncias da morte, intervenho: mas você pode separar as circunstâncias em que ele morreu dele, seu filho. Você o amava. E Flor responde com uma pergunta: "*posso?*".

O que ocupava cada sessão era esta pergunta: como chorar a morte do filho, dadas as circunstâncias da perda? Assim, o que se destacava, de certa forma, não era o objeto de amor perdido, mas as circunstâncias da perda e, com ela, o mandado que impedia chorar o amor perdido. De que processo de luto se tratava?

No momento do trabalho clínico, a hipótese que construí foi a de que se tratava de um luto impedido, tendo o impedimento

---

3 Ibid.

partido do espaço público expresso e sintetizado pela palavra do policial: "*Deixar isso para lá, nestes casos é melhor não mexer*". Flor deve ignorar, silenciar a morte de seu filho. Ordenamento que ela tenta cumprir com o próprio corpo.

Mas, se as palavras do policial estão nos sintomas de Flor, é à medida que ela os relata e a partir deles associa que podemos escutar o que está velado sob o sintoma. Os sintomas revelam o que, de outro lado, velam. No silêncio de Flor há um ordenamento que partiu da autoridade institucional.

No tempo da escuta de Flor, o impedimento mostrava sua composição pela colagem entre o ordenamento na instituição e sua obediência-resistência. Era com base nesta interpretação que intervinha, procurando separar as circunstâncias da morte e a morte. Separação que possibilitava que a morte se (re)velasse como perda do objeto amado.

A diferença entre circunstâncias da morte e morte era relevante para Flor, e ela respondia com indagações. Em uma das entrevistas, Flor diz: "*Se ele tivesse morrido em um acidente ou de uma enfermidade, eu sofreria, mas aceitaria, porque teria sido Deus Quem o teria tirado de mim, e como Ele é o Pai, eu sofreria, mas aceitaria, mas, assim como ele morreu...*". Ao que perguntei: "assim, quem o tirou?". Flor respondeu: "*Os homens*".

Interpretava que a separação entre circunstâncias da morte e morte possibilitava constituir o *registro* da perda, localizar a falta que seu filho fazia, singularizar a vida perdida; constituir-se como única, e não há justificativa que apague sua condição de perda. O trabalho clínico com Flor não tinha como objetivo justificar sua perda, aliviar sua dor de perder o filho, mas, antes, possibilitar seu reconhecimento, para que Flor pudesse carregar o filho morto em outro lugar que não no seu corpo, transformado em cripta.

Escutar o que Flor dizia, colocava-me em um lugar de testemunha: sim, Flor havia perdido um objeto de seu amor. E ele lhe fazia falta, falta que a lançava ao indeterminado, não ao impedimento da dor e do luto.

A interpretação que fazia do processo de luto a que Flor estava remetida era a de que as circunstâncias se sobrepunham à perda e, assim, ela não recebia reconhecimento social de que tinha perdido um objeto de amor e o caminho pelas instituições recalcava a morte de seu filho como perda.

A particularidade do luto de Flor não o constituía em um caso isolado, pelo contrário, ele revelava, e foi tomado como emblemático de uma série de situações semelhantes que, pela presença ou ausência no espaço de um serviço público de saúde, foram recortando em que medida as circunstâncias da perda impactavam o trabalho do luto. Nessa direção, as circunstâncias da perda interrogavam o luto. O recorte, assim, não ocorre na relação do enlutado com o objeto de sua falta, questão que circunscreve o debate sobre os processos de luto ou de melancolia. Aqui, o recorte enquadra as circunstâncias da perda e as mediações que elas operam. Nos casos como o de Flor, as circunstâncias vão lhe negar que ela sofreu ou possa sofrer sua perda.

Em uma das últimas entrevistas, Flor trouxe uma foto de família: festa de aniversário de sua neta, filha de Júnior. Seu filho estava na foto familiar. A presença do filho numa foto de festa de aniversário possibilitava levantar a hipótese de que o luto de Flor entrava em movimento. Saía do impedimento. Júnior tem um lugar na foto, e, na foto que será tirada no próximo aniversário, Júnior estará ausente; é como faltando ao aniversário da filha e na vida de cada um que com ele mantinha "Mil elos" que ele será contado. Aqui há passagem do tempo, marcada pelos anos de aniversário. Lá estava Júnior, a família e os amigos. Júnior retorna para a família e fará falta. Junto a isso, Flor também passou a falar sobre o filho: quem era ele, um jovem alegre, muito ligado à avó materna, à qual fazia visitas regulares...

A fotografia pode aqui ser tomada como tempo-memória. Um dos aspectos do trabalho clínico era o de que o espaço de escuta funcionasse como reconhecimento de que um objeto de amor havia sido perdido: Júnior, filho de Flor, e um semelhante, um outro. Esse reconhecimento apontava para a superação da condição desumanizada, "*morto como um cachorro*", em que as circunstâncias da morte punham Júnior e sua mãe.

Se, no tempo do trabalho clínico, as intervenções se dirigiam para separar circunstâncias e perda e, assim, afirmar a perda sofrida, posteriormente, no tempo da escrita do caso, me volto para o aspecto das circunstâncias da perda e seu impacto sobre o luto. Nesse âmbito, o presente trabalho se soma a outros que tomam uma categoria psíquica como interrogante dos laços sociais em que os indivíduos tecem suas vidas cotidianas e, como nos diz Freud, podem se constituir em acontecimento traumático que estremece os alicerces de uma vida, a ponto de o sujeito abandonar o interesse pelo presente e pelo futuro e se manter permanentemente absorvido em algum lugar-tempo fora dos laços compartilhados. Com esta questão, indago: a que tempo uma perda que não é reconhecida remete o enlutado?

Os sentidos dos sintomas e a hegemonia da lógica da medicalização

Que sentidos os sintomas portam, a quem estão endereçados, quais os mecanismos de suas formações, se se trata de eliminá-los, curá-los ou antes reconhecê-los como constituídos de verdades que singularizam sujeitos e apontam suas posições no laço social, sem deixar de considerar sua dimensão que ultrapassa o princípio do prazer e se rege por um além do princípio do prazer, são questões que foram formuladas por Freud e estão na própria origem da psicanálise. Assim, Freud dedica toda a sua *Conferência XVII* a tecer construções sobre *O sentido dos sintomas*.[4] Questões que, longe de terem sido superadas, chegam aos nossos dias com atualidade e, além de ocupar as reflexões e indagações dos psicanalistas, constituem um campo de disputa não destituído de corte ideológico.

Considerar os sintomas como portadores de sentidos, como os sonhos, os atos falhos, os chistes, é o solo em que a psicanálise se construiu e constrói. Neste sentido, ao abordar a dimensão de enigma do sintoma, o texto freudiano mostra sua atualidade.

Qual a origem do sintoma histérico? Suas causas, seu sentido? Estas são perguntas que servem de ponto de partida para a investigação freudiana. A ideia de que a histeria portava sentido estabeleceu um divisor de campos em relação às concepções científicas hegemônicas no final do século XIX e início do XX.

A histeria diagnosticada pelo negativo, diz Freud, era vista como um conjunto anárquico de sintomas, sendo o próprio diagnóstico suficiente para produzir desinteresse pelo caso, pois a ela se associavam dissimulação e fingimento, carente que era de comprovação anatômica.

Em sua pesquisa de doutorado, Estêvão indagou sobre a realidade para Freud e Lacan e apontou a diferença entre a psicanálise, as psicologias do ego e a medicina no que se refere à noção

---

4 Freud, S. (1980i). Conferência XVII: o sentido dos sintomas. In S. Freud, *Edição Standard Brasileira das Obras Completas de Sigmund Freud* (Vol. XVI). Imago. (Publicado originalmente em [1916]1917.

de realidade.[5] Diferentemente desses outros campos de saberes, a psicanálise não toma a realidade como pressuposta e unívoca, considerando a distância entre a realidade externa e a apreensão que os indivíduos dela fazem, não havendo relação de identidade entre estes dois campos. Assim, há uma realidade psíquica na histeria e ela pode ser descoberta pela palavra que encontra escuta:

> *A própria neurose, que tem na histeria seu paradigma, se confirma enquanto um campo de estudo na medida em que confere valor de verdade às suas manifestações. Isto é, quando se considera que a ausência de substrato fisiológico (de realidade) do sintoma não faz do histérico um fingido.*[6]

Em direção oposta, a clínica baseada em evidências se prende e se endereça ao sintoma enquanto critério do que pode levar à causa real da enfermidade: "A clínica médica, segundo Foucault, consegue se firmar a partir de um discurso que se prende ao corpo, à lesão e a ausência do subjetivo; tende a estabelecer a realidade da percepção como unívoca, portanto objetiva".[7]

Em contraposição a tal concepção, a psicanálise pergunta ao sujeito sobre o que dele está no sintoma do qual se queixa. Assim, não se trata de eliminá-lo, pois o sintoma tem uma verdade que pode ser dita e escutada.[8]

Na formação de sintomas estão em operação dois tipos de ganhos, os quais se relacionam com o que neles há de satisfação. Ao

---

5 Estêvão, I. R. (2009). *A realidade, entre Freud e Lacan* [Tese de doutorado, Instituto de Psicologia da USP].

6 Ibid., p. 14.

7 Ibid., p. 12.

8 Quinet, A. (2000). *As 4+1 condições da análise*. Jorge Zahar Editor.

ganho primário, diz Freud, vem se somar os ganhos secundários do sintoma.[9] Mas os sintomas também são fonte de sofrimento. O âmbito do ganho primário do sintoma caracteriza em que medida este é uma saída subjetiva para o conflito. Assim, há uma tensão em questão que se articula com a posição subjetiva no laço social.

Mas o sintoma é uma solução paradoxal, porque, ao mesmo tempo em que produz sofrimento, também é estruturante e organizador da subjetividade. Mesmo de modo organizador, porém, há dispêndio de energia para sua formação e uma luta entre eliminá-lo ou mantê-lo, afirma Freud:

> *O principal dano que causam (os sintomas) reside no dispêndio mental que acarretam, e no dispêndio adicional que se torna necessário para se lutar contra eles. Onde existe extensa formação de sintomas, esses dois tipos de dispêndio podem resultar em extraordinário empobrecimento da pessoa para todas as tarefas importantes da vida.*[10]

O modo particular da psicanálise abordar os fenômenos foi tratado por Freud em sua *Conferência XVI – Psicanálise e psiquiatria.*[11] O autor inicia a conferência de forma muito peculiar, ao modo de sua exposição textual e de investigação, relacionando o que se mostra como fenômeno patológico com o funcionamento psíquico geral, e aborda os sonhos e os atos falhos. Faz referência

---

9 Freud, S. (1980d). Algumas observações gerais sobre ataques histéricos. In S. Freud, *Edição Standard Brasileira das Obras Completas de Sigmund Freud* (Vol. IX). Imago. (Publicado originalmente em [1908]1909).

10 Freud, S. (1980h). Conferência XVI: psicanálise e psiquiatria. In S. Freud, *Edição Standard Brasileira das Obras Completas de Sigmund Freud* (Vol. XVI, p. 419). Imago. (Publicado originalmente em [1916]1917.

11 Ibid.

aos fenômenos de nossa psicopatologia cotidiana e como estes possibilitam mostrar semelhanças e contrastes com os processos neuróticos, como se Freud lembrasse ao seu ouvinte que as questões são mais complexas e estão para além de dogmas, e que o modo de adoecer está em íntima conexão com o de viver. O sintoma não é um desfuncionamento anatômico, mas se forja na relação social e histórica dos indivíduos.

Nessa conferência, Freud apresenta um caso clínico. Parte do sintoma – delírio de ciúme – para a investigação e construção de hipóteses. Acompanhando o texto, somos levados a apreender um método:

> *Vamos reunir agora aquilo que esta tentativa de psicanálise, curta e detida como foi, trouxe à luz para uma compreensão deste caso – supondo, naturalmente, que nossas investigações tenham sido efetuadas corretamente, o que não posso, aqui, submeter ao julgamento dos senhores. Em primeiro lugar, o delírio deixou de ser absurdo e ininteligível; tinha um sentido, tinha motivos fundamentais, e ajustou-se ao contexto de uma experiência emocional da paciente. Em segundo lugar, o delírio era necessário como reação a um processo mental inconsciente que inferimos de outras indicações, e foi justamente a esta conexão que deveu seu caráter delirante e sua resistência a todo ataque lógico e realista. Esse delírio era, em si, de certa maneira desejado, uma espécie de consolação. Em terceiro lugar, o fato de o delírio vir a ser precisamente o delírio de ciúme, e não de outro tipo, estava inequivocamente determinado pela experiência que está por trás da doença.*[12]

12 Ibid., pp. 299-300.

À medida que acompanhamos o texto freudiano, somos conduzidos por um terreno que nos afasta de uma leitura fácil ou patologizante. Os sintomas têm sentido, formulação que vai ser construída por Freud a partir da experiência clínica e das elaborações teóricas que a acompanham, tendo como guia indagações que, no momento histórico de suas proposições e articulações, não haviam sido trilhadas:

> *Se não se pode eliminar um delírio mediante uma referência à realidade, então sem dúvida ele não se originou da realidade. De onde mais ter-se-ia originado? Existem delírios dos mais variados conteúdos: por que, nesse nosso caso, se trata justamente do delírio de ciúme? Em que tipo de pessoas atuam os delírios e, especialmente, os delírios de ciúme? Gostaríamos de ouvir o que o psiquiatra tem a dizer a este respeito; mas, neste ponto, ele nos deixa em apuros. Considera apenas uma das nossas perguntas. Investigará a história familial da mulher e,* talvez, *nos dará sua resposta: "Os delírios aparecem em pessoas em cujas famílias tenham ocorrido, repetidamente, outros distúrbios psíquicos semelhantes." Em outros termos, se essa mulher desenvolveu um delírio, estava predisposta a ele por transmissão hereditária. Sem dúvida, isto já é alguma coisa, mas é tudo que queremos saber? Foi isso a única coisa que contribuiu para a causação da doença? Devemos contentar-nos com supor tratar-se de algo sem importância, indiferente, ou de um capricho; ou que não se pode explicar se o delírio de ciúme aparece de preferência a algum outro tipo?*[13]

13 Ibid., pp. 297-298, grifo no original.

Freud conclui esse parágrafo de forma a nos remeter diretamente à particularidade do método psicanalítico: "Pode a psicanálise, porém, ir mais além, em um caso destes? Sim, ela realmente pode. Espero conseguir mostrar-lhes que, mesmo num caso assim, tão difícil de abordar, ela pode descobrir algo que possibilite uma primeira compreensão".[14]

A postura indagativa, interessada, curiosa de Freud diante do que parece ilógico, ou considerado fruto de dissimulações, fingimentos, ou, de outra forma, óbvio, sem importância, mero detalhe, está na constituição do método clínico psicanalítico, da investigação e da criação teórica freudiana. Freud estabelece conexões, as quais inter-relacionam fenômenos que sem essas pareceriam isolados. Buscar as conexões do que isoladamente é ausente de sentido ou, pelo contrário, fixa um sentido, este é o trabalho que ensina Freud.

Questionar o que está na raiz da produção de sofrimento é um desafio ético para cada psicanalista desde os tempos freudianos e faz parte da construção da psicanálise. Mas a psicanálise não é uma garantia a seus praticantes contra formações ideológicas que se apresentam sob a autoridade do discurso da verdade científica, às quais também os psicanalistas estão expostos caso assumam o compromisso de harmonizar os indivíduos com as coordenadas de seu tempo ou, em outro polo, desconsiderem tais coordenadas e tratem os sujeitos como indivíduos autônomos e independentes dos laços sociais.

Este alerta está na letra de Lacan quando afirma que é necessário um retorno a Freud, pois a psicanálise proposta pelos defensores da *psicologia do ego* foi domesticada, contrariando a vocação de peste que Freud anunciou. Na segunda década do século XX,

14 Ibid., p. 298.

Lacan denuncia que os psicanalistas e suas associações, em grande medida, compõem e se comprometem com o *status quo*.

Neste movimento de retorno à obra freudiana, Lacan reafirma a descoberta de Freud, o inconsciente, e explicita distinções entre o inconsciente freudiano e o que é proposto por Jung e outros, que, como Freud já apontava em *A história do movimento psicanalítico*, eliminam exatamente o que a psicanálise tem de revolucionário:

> *O inconsciente de Freud não é de modo algum o inconsciente romântico da criação imaginante. Não é o lugar das divindades da noite. Sem dúvida que isto não deixa totalmente de ter relação com o lugar para onde se volta o olhar de Freud – mas o fato de Jung, relé dos termos do inconsciente romântico, ter sido repudiado por Freud, nos indica bastante que a psicanálise introduz outra coisa. Do mesmo modo, para dizer que o inconsciente tão intrometido, tão heteróclito, que durante toda a sua vida de filósofo solitário Eduardo Von Hartmann elaborou, não é o inconsciente de Freud, também não seria preciso ir muito longe, pois Freud, no sétimo capítulo de* A interpretação dos sonhos, *refere-se ele próprio, a isto, em nota – quer dizer que é preciso olhar isso mais de perto para designar o que, em Freud, se distingue.*[15]

O que é então o inconsciente freudiano? Como defini-lo? O que possibilita a descoberta freudiana é não transigir diante daquilo com que se depara; surpreender-se, ficar siderado, afirma Lacan:

---

15 Lacan, J. (1998). *O seminário, livro 11: os quatro conceitos fundamentais da psicanálise (1964)* (M. D. Magno, Trad.; p. 29). Jorge Zahar Editor.

> *Tropeço, desfalecimento, rachadura. Numa frase pronunciada, escrita, alguma coisa se estatela. Freud fica siderado por esses fenômenos, e é neles que vai procurar o inconsciente. Ali, alguma outra coisa quer se realizar – algo que aparece como intencional, certamente, mas de uma estranha temporalidade. O que se produz nessa hiância, no sentido pleno do termo* produzir-se, *se apresenta como* um achado. *É assim, de começo, que a exploração freudiana encontra o que se passa no inconsciente.*[16]

Assim, Lacan trabalha afirmando a radicalidade da descoberta de Freud, o inconsciente. E podemos ouvir de Freud: "O inconsciente é a verdadeira realidade psíquica: *em sua natureza mais íntima, ele nos é tão desconhecido quanto a realidade do mundo exterior e é tão incompletamente apresentado pelos dados da consciência quanto o é o mundo externo pelas comunicações de nossos órgãos dos sentidos*".[17]

Aprender, ainda com Freud, que os sintomas portam sentidos e verdades, que são solução de compromisso, que, portanto, estão na articulação com os laços sociais nos quais os sujeitos se constituem e vivem, representa uma posição política.

A psicanálise funda um modo próprio de abordar e desvelar o *páthos*, em sua vertente de paixões e sofrimento, e, neste sentido, ainda carrega seu germe de "peste". Assim, o modo de escutar e abordar os sintomas não perdeu seu lugar de radicalidade e de

---

16 Ibid., p. 30.

17 Freud, S. (1980b). A interpretação dos sonhos. In S. Freud, *Edição Standard Brasileira das Obras Completas de Sigmund Freud* (Vol. V, p. 651). Imago. (Publicado originalmente em [1899]1900). Grifos no original.

desafio nas práticas com as quais os psicanalistas necessitam se enfrentar no espaço da clínica, do debate acadêmico e da cultura.

As manifestações psicopatológicas dos sujeitos incomodam, desconcertam, quebram a harmonia, "travam a marcha", é possível acompanhar Lacan dizer; têm efeito de greve do ordenamento de funcionamento social, mas também fazem sofrer em sua produção como recurso de existência, de sobrevivência.

Apropriar-se desta dupla dimensão do sintoma e posicionar-se em acordo com esta apropriação é um modo de enfrentar abordagens hegemônicas nos campos da saúde e social, regidas pelo paradigma biomédico. A medicalização, em suas dimensões diagnóstica e medicamentosa, hegemônica em sua modalidade de saber sobre o *páthos*, aborda os sintomas segundo escalas de classificação e normatividade, trata-os como algo a ser enquadrado em uma descrição que se afirma em uma concepção biológica do funcionamento psíquico. Assim, os sintomas são índices de transtornos a serem eliminados, e os comportamentos dos sujeitos, para serem adaptados, precisam ser corrigidos. Nesta lógica, não há o que questionar da ordem que faz sofrer e enlouquece: trata-se de silenciar o que comparece fazendo barulho e ruído. Medica-se o campo da educação que funciona por rendimento, o do trabalho que superexplora e cujos resultados são contados por metas estabelecidas que, embora inatingíveis, seguem uma lógica e lançam os indivíduos na *loucura* da competição que esgota a todos e rende lucros incalculáveis a alguns. Amarante e Torre, discutindo a medicalização da sociedade, apontam para a estrutura e o poder econômico que dissimulam questões sociais que estão na produção do sofrimento:

> *Já não estamos debatendo a fragilidade epistemológica de conceitos como transtornos mentais, doenças, distúrbios, desordens mentais, síndromes... Da mesma*

> *forma como não estamos debatendo as causalidades ou etiologias, se orgânicas, genéticas, infecciosas, sociais, psicológicas, espirituais, traumáticas... Estamos considerando que uma determinada forma de produção de conhecimentos nesse campo pode criar realidades de doenças, tratamentos, práticas institucionais, sociais, culturais e políticas.*
>
> *No sentido de definir alguns pontos para a agenda política de luta a respeito do tema central deste texto, ou seja, a participação da indústria de medicamentos na determinação social dos transtornos mentais . . .*[18]

Sintoma e laço social

De modo diferente, Freud se volta para as questões da cultura e da sociedade tendo como base e referência a clínica. Tal articulação é objeto de suas indagações e investigações, a exemplo de *Mal-estar na cultura* e *Psicologia de grupo e análise do ego*. Neste último texto, Freud levanta questionamentos sobre o fenômeno de perda de liberdade dos indivíduos, ao entrarem em um grupo com funcionamento de massa. Com esta questão, procura superar o conceito de sugestão, usado por outros autores para explicar tal fenômeno, e se volta para o de libido – caminho que leva Freud a abordar os laços sociais:

> *Libido é expressão extraída da teoria das emoções. Damos esse nome à energia, considerada como uma*

18 Amarante, P., & Torre, E. H. G. (2010). Medicalização e determinação social dos transtornos mentais: a questão da indústria de medicamentos na produção de saber e políticas. In R. P. Nogueira (Org.), *Determinação social da saúde e Reforma Sanitária* (pp. 151-160). Cebes.

> *magnitude quantitativa (embora na realidade não seja presentemente mensurável), daqueles instintos que têm a ver com tudo o que pode ser abrangido sob a palavra "amor" . . . Mas não isolamos disso – que, em qualquer caso, tem sua parte no nome "amor" –, por um lado, o amor próprio, e, por outro, o amor pelos pais e pelos filhos, a amizade e o amor pela humanidade em geral, bem como a devoção a objetos concretos e a ideias abstratas.*[19]

Em *O mal-estar na civilização* e em *Moral sexual civilizada e doença nervosa moderna*,[20] Freud nos mostra que, diante da realidade intolerável para o sujeito, o sintoma aparece como uma das saídas possíveis, e reconhece o campo social como uma das fontes do sofrimento:

> *O sofrimento nos ameaça a partir de três direções: de nosso próprio corpo, condenado à decadência e à dissolução, e que nem mesmo pode dispensar o sofrimento e a ansiedade como sinais de advertência; do mundo externo, que pode voltar-se contra nós com forças de destruição esmagadora e impiedosa; e, finalmente, de nossos relacionamentos com os outros homens. . . .*
>
> *Não admira que, sob a pressão de todas essas possibilidades de sofrimento, os homens se tenham acostumado a moderar suas reivindicações de felicidade – tal*

---

19 Freud, S. (1980v). Psicologia de grupo e análise do eu. In S. Freud, *Edição Standard Brasileira das Obras Completas de Sigmund Freud* (Vol. XVIII, pp. 115-116). Imago. (Publicado originalmente em 1921).

20 Freud, S. (1980r). Moral sexual "civilizada" e doença nervosa moderna. In S. Freud, *Edição Standard Brasileira das Obras Completas de Sigmund Freud* (Vol. IX). Imago. (Publicado originalmente em 1908).

> *como, na verdade, o próprio princípio do prazer, sob a influência do mundo externo, se transformou no mais modesto princípio de realidade –, que um homem pense ser ele próprio feliz, simplesmente porque escapou à infelicidade ou sobreviveu ao sofrimento, e que, em geral, a tarefa de evitar o sofrimento coloque a de obter prazer em segundo plano.*[21]

O sujeito, assim, está referido ao laço social que se forja em cada tempo histórico. Compreensão que difere das concepções em que os sujeitos são reconhecidos como indivíduos autônomos e independentes do campo social, autorreferidos, que leva a uma abordagem centrada no modelo biomédico, no qual se busca a materialidade biológica do sintoma. Nesta direção, o campo social é reconhecido como ambiente externo que pode influenciar, mas do qual os sintomas não têm nada a dizer e, portanto, a ser escutado:

> *Outras situações de angústia, insatisfações, tristeza, entre outras, podem ser facilmente medicalizáveis. Desta forma, as pesquisas epidemiológicas podem ter muito mais um significado de produção de comportamentos patológicos do que de auferição de patologias no meio social. Muitas pessoas se apresentam como "depressivas", "portadoras de pânico" e "bipolares". Quando a OMS anuncia que, em 2020, existirão milhões de pessoas com depressão no mundo, não estaria, na verdade, construindo este cenário? Quando a Associação Brasileira de Psiquiatria (ABP), em cooperação com o Ibope, divulga uma pesquisa que aponta para o fato de*

21 Freud, S. (1973). El malestar en la cultura. In S. Freud, *Obras completas* (t. 3, pp. 95-96). Biblioteca Nueva. (Publicado originalmente em [1929]1930).

> *que 5 milhões de crianças têm sintomas de transtornos mentais, não estaria contribuindo para a medicalização da infância? Como podemos verificar a metodologia? A pesquisa recebeu apoio financeiro da indústria farmacêutica, já que os recebe abundantemente para seus congressos e publicações? Não é um fato surpreendente o Ibope realizar uma pesquisa científica, que precisa passar por comitês de Ética e garantir uma série de aspectos, tais como sigilo? Na página da ABP não há qualquer referência a esses aspectos (Associação Brasileira de Psiquiatria, 2008). Por que o Ibope e não uma universidade? Por que não recursos dos editais do CNPq? O Brasil é um dos países onde ocorre a maior medicalização da infância em todo o mundo.*[22]

Contrariamente a esta noção, Freud nos aponta que é frente ao sofrimento produzido nesta relação que os sujeitos buscam formas de evitar a dor e suportar as exigências e condições sociais, sendo a religião um dos recursos buscados:

> *A vida, tal como a encontramos, é árdua demais para nós; proporciona-nos muitos sofrimentos, decepções e tarefas impossíveis. A fim de suportá-la, não podemos dispensar as medidas paliativas. . . . Existem talvez três medidas desse tipo: derivativos poderosos, que nos fazem extrair luz de nossa desgraça; satisfações substitutivas, que a diminuem; e substâncias tóxicas, que nos tornam insensíveis a ela. Algo desse tipo é indispensável. . . . As satisfações substitutivas, tal como as oferecidas pela arte, são ilusões, em contraste com a realidade;*

22 Amarante & Torre, 2010, p. 157.

> *nem por isso, contudo, se revelam menos eficazes psiquicamente, graças ao papel que a fantasia assumiu na vida mental. As substâncias tóxicas influenciam nosso corpo e alteram a sua química. Não é simples perceber onde a religião encontra o seu lugar nessa série.*[23]

Os sintomas, de modo semelhante aos sonhos, assumem formas enigmáticas, resultado do processo de condensação e deslocamento – mesmo mecanismo dos sonhos. É possível dizer que, como no conteúdo manifesto dos sonhos, os sintomas expressam ocultando ou ocultam expressando e, assim, revelam o que deveriam encobrir:

> *A construção de um sintoma é o substituto de alguma coisa que não aconteceu. Determinados processos mentais normalmente deveriam ter evoluído até um ponto em que a consciência recebesse informação deles. Isto, porém não se realizou, e, em seu lugar – a partir dos processos interrompidos, que de alguma forma foram perturbados e obrigados a permanecer inconscientes – o sintoma emergiu.*[24]

Considerar o sintoma como solução de compromisso de lutas pulsionais e conflitos, que responde a um tipo de laço social, coloca em questão também a posição do psicanalista, e esta interpretação sobre o sintoma tem consequências para a intervenção. Questão que se dirige para a importância de reconhecer os tipos de laços sociais, seja a partir de uma perspectiva cultural, seja a partir

---

23 Freud, op. cit., p. 93.

24 Freud, S. (1980k). Conferência XVIII: fixação em traumas – o inconsciente. In S. Freud, *Edição Standard Brasileira das Obras Completas de Sigmund Freud* (Vol. XVI, p. 330). Imago. (Publicado originalmente em [1916]1917)

das relações de exploração e dominação que vigem na sociedade capitalista, conforme diz Pacheco Filho:

> *defender a singularidade não é o mesmo que afirmar a independência do indivíduo em relação ao social. Basta olhar à volta para se constatar os efeitos da pressão social homogeneizante e massificadora que, no capitalismo, se acelera com a mesma velocidade do deslocamento de capitais pelo planeta e da transmissão de impulsos pelos* chips *a serviço da mídia global. Não há como negar o condicionamento histórico de formas padronizadas de existência, ainda que vividas pelos sujeitos individuais como experiências pessoais privadas e singulares. Consequentemente, o único sentido possível para se falar em subjetividade é referir-se ao ponto em que o entrecruzamento dos tecidos da rede social constrói o nó górdio da existência e do desejo do indivíduo singular: o enigma que a psicanálise busca decifrar.*[25]

Michel Plon, em "Nosso tempo e a psicanálise", destaca as coordenadas ideológicas do liberalismo, e, é possível dizer, do neoliberalismo, as quais têm efeito de desesperança de outros modos possíveis de laço social que não os determinados pela lógica do mercado:

> *Um abismo abriu-se e dele ainda não se fez nenhum inventário sério, o acontecimento não tendo sido registrado senão com o título, sem importância, de vitória do liberalismo. Da mesma forma, não somente nosso*

25 Pacheco Filho, R. A. (1997, jan./dez.). O conhecimento da sociedade e da cultura: a contribuição da psicanálise. *Psicologia e Sociedade*, 9(1-2), 133-134.

> *imaginário geopolítico foi abalado; também o real dessa geopolítica se transformou, caracterizado pelo fato de que a concepção liberal e o que ela implica, implicou e implicará como formas de assassinato, encontrou-se em posição de dominação absoluta, excluindo qualquer possibilidade senão a adoração desses "deuses obscuros" – a expressão "Deus obscuro" é de Lacan –, o Deus de Wall Street, o do mercado, impiedosa máquina de triturar o humano qualquer que seja, e o Deus fundamental de uma religiosidade generalizada que se vangloria de um possível aniquilamento das pulsões, isto é, da vida, e que visa a se instaurar como registro central da cultura.*[26]

Rosa ressalta o caráter de sintoma social* que revela em que medida o funcionamento da ordem social capitalista tem como custo um lugar objetificado em que o indivíduo comparece apenas como produtor de mais-valia, condição de objeto de gozo do Outro. Assim, a eliminação do que incomoda, do que deixa de funcionar, pode ter como objetivo manter a marcha:

> *o sintoma é referido ao discurso do mestre, como objeção ao desejo do mestre, desejo de que as coisas funcionem: relaciona discurso do mestre com discurso do inconsciente, esse saber que não pensa, não calcula ou julga, enfim, o trabalhador ideal, e a greve é o paradigma do sintoma, de sinal do que não vai bem no campo do real. Se o real não vai bem, isso impede que as coisas andem, trava a marcha, contraria o desejo do mestre e*

---

26 Plon, M. (2006). Nosso tempo e a psicanálise. In A. M. Rudge (Org.), *Traumas* (p. 98). Escuta.

> *detém a produção do mais-de-gozar, causa do desejo do capitalista. O que Lacan introduziu como sintoma social não é oposto ao sintoma particular, com uma psicologia individual e outra coletiva; não há relação com uma patologia social, mas descreve uma forma de laço social característica do capitalismo.*[27]

Quais as coordenadas políticas de cada tempo? Pergunta que, diz Plon, já estava nas formulações de Freud sobre o funcionamento psíquico e que se mostrava em íntima conexão com seu tempo, possibilitando atentar para como a clínica e a escuta são afetadas:

> *Mas que os psicanalistas tenham, junto a esses especialistas (historiador, sociólogo, filósofo etc.), com eles, no contexto de um diálogo exigente, que exclui qualquer forma de arranjo epistemológico, o dever de oferecer uma leitura, a leitura deles de sua época, isso não deveria estar em discussão. Uma leitura que busca suas raízes em suas práticas clínicas; uma leitura que atesta aquilo que os pacientes portam como vestígio desse tempo, seja em relação com a psicanálise . . . quer se trate da natureza da demanda, esta sendo frequentemente o eco dessa relação à psicanálise e, portanto, do lugar dela nessa contemporaneidade que todos nós respiramos, tanto pacientes quanto analistas. Como exemplo, fala-se muito nos nossos meios, na França, mas também na América do Sul pelo que pude perceber, da mudança das demandas que não seriam mais*

---

27 Rosa, M. D. (2004, set.). A pesquisa psicanalítica dos fenômenos sociais e políticos: metodologia e fundamentação teórica. *Revista mal-estar e subjetividade*, 4(2), 338. http://pepsic.bvsalud.org/scielo.php?script=sci_arttext&pid=S1518-61482004000200008.

> *demandas de análise e mereceriam uma denominação vaga de novas demandas. O que chamei de uma "leitura" de nossa época através de nossa prática clínica viria tomar a forma de uma elaboração teórica no lugar dessas denominações descritivas que, contrariamente ao que muitos creem, não são "clínicas", posto que escancaram a porta a essas classificações de avaliação, fundamentalmente desrespeitosas do sujeito, entre as quais o DSM, qualquer que seja sua versão, dá um exemplo deplorável.*[28]

Com as questões até aqui abordadas, o que se destaca é que escutar implica posição, o que aponta que há política na clínica. A escuta sustenta um lugar de aposta na verdade do sujeito, o que, até hoje, subverte a lógica dominante em que este é objeto do conhecimento, silenciado sobre o que o faz sofrer. Rosa expressa sem rodeios a implicação ética que está no método que Freud constrói:

> *Freud considerou impróprias as categorias de racionalidade e objetividade para a compreensão do homem, uma vez que este vive através do mundo simbólico da linguagem. Inventou, então, um procedimento para desvelar o sentido da palavra do homem, dar-lhe voz.*
>
> *O tratamento psicanalítico destaca a escuta do inconsciente, opera na transferência, com as associações do sujeito; escuta os efeitos do inconsciente, tanto no sujeito, como nos laços que produz, para a produção do saber inconsciente na transferência. Freud inventou um procedimento para que a verdade falasse: revelar os processos inconscientes que produzem os sintomas*

28 Plon, op. cit., pp. 92-93.

> *(realização do desejo), sustentados por uma fantasia, propondo, portanto, a reconstrução da fantasia inconsciente. Freud construiu conhecimento a partir dos impasses da clínica, formulando seu método - como quando chamou os efeitos de amor na relação terapêutica de* transferência *- e reformulando toda a sua própria teoria diante de novos impasses. O método é a escuta e a interpretação do sujeito do desejo, em que o saber está no sujeito, um saber que ele não sabe que tem e que produz na relação que será chamada de transferencial. Nessa medida, o psicanalista escuta o sofrimento e descobre que não deve eliminá-lo, mas criar uma nova posição diante do seu sentido. O sintoma é realização do desejo, o lugar da verdade do sujeito, uma mensagem, um enigma a ser decifrado; nele está o cerne da subjetividade.*[29]

Essas são considerações com as quais também a clínica praticada no espaço de uma instituição pública de saúde pode sustentar a aposta na escuta dos sujeitos e de seus sintomas a partir do reconhecimento de enigma que portam, diferente da noção de desfuncionamento e desadaptação individual.

No âmbito de uma clínica pública, é possível escutar, ao abrir espaço para a palavra, o campo social, cujo território é uma das particularidades e mantém conexão com o modo de sofrer e adoecer dos sujeitos.

Em contraposição a uma lógica que tem como direção classificações sintomáticas homogeneizantes que têm efeito de massificação, em que a palavra do especialista se apresenta como a de mestre, portador de verdade e de saber totalizante sobre o sintoma

---

29 Rosa, op. cit., pp. 340-341.

e sobre os indivíduos, como já apontava Freud em *Psicologia de grupo e análise do eu*, a escuta possibilita romper silêncios e produzir saídas de posições objetificadas em que os sujeitos ocupam lugares subalternizados também no campo da saúde, similarmente ao que se passa no campo do trabalho e da educação.[30]

Que no espaço de escuta algo possa ser nomeado, revelando conexões nas formas sintomáticas particulares, é uma via de constituição da singularidade do caso. Nesta direção, o sintoma também dá nome e recorta uma dimensão coletiva e pode revelar o que de um funcionamento social está implicado como ordenamento e impedimento. Modo de abordar que está na construção do caso ou do caso como construção. O caso não é o indivíduo ou o individual, posto que se constitui em transferência e recorta o social-coletivo. No singular está o coletivo e com este se articula e o revela. Esta é uma particularidade do caso clínico-político que pode servir como uma referência para uma clínica praticada no âmbito de uma instituição pública de saúde.

É importante dizer que, assim como na clínica praticada no espaço de um consultório particular, são os casos que colocam impasses que possibilitam formulações e fazem avançar uma questão também no âmbito da clínica praticada em uma instituição de saúde, uma clínica pública; são tais casos, que desafiam os recursos e os dispositivos constituídos, os que podem produzir indagações, possibilitar recortes e fazer avançar um funcionamento instituído que foi criado, em outro tempo, para responder a uma dada circunstância, mas que em cada tempo precisa ser repensado, reformulado e superado, para que, de resposta a uma demanda ou questão, não se enrijeça e engesse o que, em seu tempo, era novo. A escuta e as reflexões possibilitam ações que põem a instituição em movimento e produzem efeitos coletivos. Para isto, é necessária

30 Freud, 1921/1980v.

uma clínica pública cuja tônica não seja a produtividade reduzida ao número de atendimentos realizados; que de pública se faça privada e adequada à lógica de funcionamento do mercado – questão que novamente aponta a dimensão política que atravessa e é constituinte da clínica e de que clínica se pratica. Contraposta a esta lógica, uma clínica que não trabalhe para silenciar o mal-estar dos sujeitos atendidos e dos profissionais, mas uma prática que radicalize a associação livre como regra fundamental.

Estas são algumas das referências que estão presentes na direção da prática psicanalítica clínico-política. Perspectiva que se contrapõe à concepção presente nos códigos de classificação como parâmetro diagnóstico que tendem a conferir uma identidade, a qual fixa e aprisiona os sujeitos. Longe de negar a dimensão de sofrimento, possibilita questionar o laço e reconhecer que o sintoma também comparece como resistência e quebra a harmonia. Estas são questões que apontam para dimensões políticas do sintoma.

Aqui, retomando o caso Flor, as hipóteses se voltavam para que, com seus sintomas, Flor dava prova de sua luta para afirmar que havia perdido um objeto digno de amor, objeto de seu amor. Assim, ao contrário do compromisso de buscar eliminar seus sintomas, tratava-se antes de escutá-los, ofertando espaços para voz e expressão, para que a verdade que portavam pudesse ser por ela reconhecida.

Mas, acompanhando Freud e Rosa, escutar tem implicações éticas e, nesse caminho, coloca-se a questão sobre o que fazer com o que é escutado. E perguntar: o que dos sintomas de Flor pode ser tomado como revelador de aspectos que estão nos laços que marcam e são marcados pelo território?

Escutar Flor colocava a questão dos modos de abordar e acolher as demandas de forma que seguissem coordenadas ideológicas ou propor cortes em uma lógica patologizante e normatizante.

Maria Rita Kehl, nos estudos que faz sobre as depressões como sintoma social da atualidade, diferencia os quadros depressivos do quadro melancólico. O trabalho de Kehl parte da crítica à abordagem nosográfica médica, que põe fenômenos diversos sob o signo de depressão. Assim, a autora avança para a noção de depressões e lança suas indagações, voltando-se para o laço social, caminho que a leva para a atualidade das depressões como sintoma social, posto que está articulado e resiste à ordem social de tal forma que atua rompendo a harmonia pretendida.[31]

Com base na noção da ordem social como campo da linguagem, campo do discurso do Outro, o sintoma é aquilo que, ao se manifestar, interroga a completude discursiva do Outro.

Tais formulações expressam a concepção e a intervenção psicanalítica diante do sofrimento. Escutar o que está nos sintomas é uma diferença psicanalítica, que marca sua fundação como método terapêutico e de investigação. Acompanhar as associações faz surgir sentidos que se desdobram e possibilitam questionamentos capazes de desalojar lógicas encadeadas nos ordenamentos sociais de produtividade e obediência.

31 Kehl, M. R. (2009). *O tempo e o cão: a atualidade das depressões*. Boitempo.

2. A experiência do luto em situações de violência: qual o lugar do e para o luto?

O recorte deste trabalho se inscreve no contexto do espaço de um serviço público de saúde. Lugar institucional que situa uma experiência clínica que suscitou questões sobre o luto, mais especificamente sobre a experiência do luto por mortes ocorridas em situação de violência. À dimensão de espaço institucional se soma a de lugar como território geopolítico. Estes três aspectos – o fenômeno da violência, a clínica prática no espaço de uma instituição pública de saúde e o território em que se situava a instituição – corroboram as formulações que apontam para o luto como fenômeno social e politicamente mediado.

Foi a partir das demandas à instituição que uma pergunta se formulou: qual a importância das circunstâncias da perda para o luto? A partir dos casos, era possível reconhecer o que fica subsumido sob as mortes que ocorrem em circunstâncias violentas: a negação da perda. Negação que parte do campo social e marca o percurso que os familiares fazem na busca por respostas e reconhecimento da perda sofrida.

Assim, as discussões sobre o lugar do e para o luto contêm dois âmbitos de questões que se entrelaçam: lugar em suas dimensões social e psíquica. O que se coloca, com os casos clínicos e as questões levantadas a partir destes, é que o lugar social dado ao objeto de amor perdido impacta o luto e pode lançar o enlutado em um sem-tempo que o remete para fora dos laços compartilhados; sem espaço-tempo para seu luto; lugar que o identifica com a condição de morto assim como seu objeto de amor, tornando-o morto-vivo.

O luto é reconhecido por Freud como afeto de dor, produzido pelo desligamento libidinal do objeto de amor perdido.[1] Mas, se não há reconhecimento de perda, como fazer o desligamento que o trabalho do luto realiza? Pergunta que leva à questão sobre o lugar do e para o luto. A questão que se colocava, com o recorte do luto em situações de violência, era: de onde parte a afirmação ou negação de que o enlutado sofreu uma perda?

Esta questão, revelada por Flor – caso clínico descrito no capítulo anterior –, particularizava o luto. Que experiência de luto decorre de um contexto social que nega o reconhecimento de que houve perda e, pelo contrário, afirma que não há perda a ser compartilhada e chorada?

A morte e o luto são acontecimentos socialmente condicionados. Porém, contrariando esta evidência – visível e audível também pelas manifestações midiáticas que deixam transparecer o caráter de limpeza social com que são significadas determinadas mortes –, a morte é *velada* com um manto de acontecimento sagrado ou natural. Discurso que adormece as consciências e muitas vezes os estudos sobre a morte e o luto. Há uma dimensão de pertencimento

---

1 Freud, S. (1980q). Luto e melancolia. In S. Freud, *Edição Standard Brasileira das Obras Completas de Sigmund Freud* (Vol. XIV). Imago. (Publicado originalmente em [1915]1917).

humano, social e político que está na morte e atua na relação que se estabelece com ela.

O tempo em que se vela uma morte, os sentimentos de pesar que a cercam, os rituais produzidos e disponibilizados para recobrir o corpo morto e a dor que a morte acarreta fazem parte do trabalho do luto. Este patrimônio cultural e o lugar que é dado à morte revelam seu caráter social e econômico quando contraposto às mortes em situação de violência, as quais podem não ser reconhecidas como perdas.

Se o patrimônio cultural que recobre a morte mostra sua divisão e distribuição social, consequentemente o luto é social e historicamente constituído e se inscreve nas relações econômico-sociais que regem a vida.

O que os casos de mortes em situação de violência revelavam era que o tratamento dado à morte e ao luto mostrava sua dimensão de classe e étnica. Assim, não se distinguiam do conferido à vida, o que ficava explícito também pela relação com os territórios, apontando para uma divisão social que estabelece as vidas que têm importância ou, como no dizer de Butler, *valem* a pena.[2]

Nesse contexto, o luto não se constitui em noção abstrata e é materializado a partir das circunstâncias que o condicionam. E os impedimentos para o luto não se constituem em exceção, mas se dão segundo as mesmas regras do funcionamento social e político que estão nas desigualdades que marcam a vida.

Quando o luto é tomado como objeto de investigação, portanto, as interrogações não se voltam apenas para a morte, mas para a vida que é negada, correlacionando-se a negação de uma morte como perda à negação, anterior, da vida.

---

2 Butler, J. (2009). *Vida precária: el poder del duelo y La violência* (F. Rodriguez, Trad.). Paidós.

Se o luto aparenta ser um afeto que segue naturalmente a uma perda, o que entra em questão é a noção de perda. E o que condiciona o reconhecimento de que houve perda mostra sua determinação social.

Reconhecimento da perda em Luto e melancolia

No centro das formulações de Freud em *Luto e melancolia* está a relação com a perda como determinante para a vicissitude psíquica do luto ou da melancolia.[3] A partir daí, as indagações sobre as experiências de luto em situações enredadas por violência estão mediadas por este texto. O que entra em funcionamento psíquico para que, diante das mesmas circunstâncias – a perda de algo ou alguém amado –, o sujeito tome como caminho e dê lugar à melancolia e não ao luto? Indagação que constitui o fio com que Freud tece suas investigações e hipóteses, que o levam a encontrar o enigmático da melancolia no desconhecimento do *que* se perdeu com o objeto de amor:

> *não podemos, porém, ver claramente o que foi perdido, sendo de todo razoável supor que também o paciente não pode conscientemente perceber o que perdeu. Isso, realmente, talvez ocorra dessa forma, mesmo que o paciente esteja cônscio da perda que deu origem a sua melancolia, mas apenas no sentido de que sabe* quem *ele perdeu, mas não o* que *ele perdeu nesse alguém. Isso sugeriria que a melancolia está de alguma forma relacionada a uma perda objetal retirada da consciência,*

3 Freud, op. cit.

> *em contraposição ao luto, no qual nada existe de inconsciente a respeito da perda.*
>
> *No luto, verificamos que a inibição e a perda de interesse são plenamente explicadas pelo trabalho do luto no qual o ego é absorvido. Na melancolia a perda desconhecida resultará num trabalho interno semelhante, e será, portanto, responsável pela inibição melancólica. A diferença consiste em que a inibição do melancólico nos parece enigmática porque não podemos ver o que o está absorvendo tão completamente.*[4]

Há um teste de realidade pelo qual uma ausência tem que passar, e sem esta passagem não há o que é condição para o luto: a perda.

> *O luto é, por regra geral, a reação frente à perda de uma pessoa amada ou de uma abstração que faça sua vez, como a pátria, a liberdade, um ideal, etc. Em decorrência de idêntica influência, em muitas pessoas se observa,* em lugar *de luto, melancolia.*[5]

Com isto se destaca que, se o luto é reação a uma perda, nos casos em que a particularidade da morte recebe tratamento de negação de que houve perda do objeto de amor – em um processo complexo em que do campo social o objeto é espelhado como degradado, o que tem efeito de proibição do afeto de amor –, há particularidades para o luto.

Freud ressalta a intensidade da oposição ao desligamento libidinal e o movimento contrário que este gera, de apego ao objeto de

---

4 Ibid., pp. 277-278.

5 Ibid., p. 241, grifos meus.

amor – o que possibilita prolongar psiquicamente a existência do objeto perdido. Estas são questões que fazem Freud chamar atenção para o complexo que é o trabalho de luto e estranhar que este "penoso desprazer seja aceito por nós como algo natural".[6]

O luto, "tanto o afeto da dor como sua manifestação externa",[7] como aponta Freud, não é um processo natural. Existem condições para o registro da perda, e este tem efeitos que implicam em mudança na posição subjetiva. O luto não é natural em suas dimensões social, política e cultural, e estas constituem e incidem sobre a dimensão subjetiva, impossibilitando qualquer naturalização que se possa intencionar conferir ao psiquismo. Estes são aspectos que se aproximam do objeto de reflexão deste trabalho, lutos que, pelas circunstâncias da morte ou condições de vida, sofrem as incidências das desigualdades sociais.

O luto, seus mecanismos e funcionamento, lança luz sobre como pode ser complicada a vicissitude de uma perda, que pode ter como resultado a melancolia. Assim, se *Luto e melancolia* é apontado por muitos comentadores como um texto em que Freud tem como objeto de suas investigações mais a melancolia que o luto – e, ao acompanhar o texto, vemos o autor trazer para primeiro plano as indagações sobre os mecanismos em funcionamento na melancolia –, também é possível visualizar que este é um método de trabalho que marca a pesquisa e a construção teórica freudiana: "Tendo os sonhos nos servido de protótipo das perturbações mentais narcisistas na vida normal, tentaremos agora lançar alguma luz sobre a natureza da melancolia, comparando-a com o afeto normal do luto".[8]

6 Ibid., p. 277.
7 Ibid., p. 275.
8 Ibid., p. 275.

Nas semelhanças e diferenças que Freud traça entre a melancolia e o luto, estando entre estas a separação do objeto ou a identificação com este, em dois momentos de *Luto e melancolia* aponta a diferença entre a separação do objeto, mas não do amor. Mais do que a relação com o objeto, é a relação com o amor, laço libidinal, que ata o sujeito ao objeto que constitui o enigmático das vicissitudes de uma perda:

> *Se o amor pelo objeto – um amor que não pode ser renunciado, embora o próprio objeto o seja – se refugiar na identificação narcisista, então o ódio entra em ação nesse objeto substitutivo, dele abusando, degradando-o, fazendo-o sofrer e tirando satisfação sádica de seu sofrimento.*[9]

Mais adiante, essa diferença entre a perda do objeto e do amor é retomada:

> *Isso, como sabemos, consiste no abandono, por fim, do objeto pela catexia libidinal ameaçada, só que, porém, para recuar ao local do ego de onde tinha provindo. Dessa forma, refugiando-se no ego, o amor escapa à extinção. Após essa regressão da libido, o processo pode tornar-se consciente, sendo apresentado à consciência como um conflito entre uma parte do ego e o agente crítico.*[10]

E o que caracteriza a melancolia, nos diz Freud, é a ambivalência e regressão da libido ao eu que se dá pelo processo de

9 Ibid., p. 284.
10 Ibid., p. 290.

identificação com o objeto, "assim a sombra do objeto caiu sobre o ego".[11]

Das referências do texto freudiano assume destaque a diferença entre o amor ao objeto e o objeto. Freud faz uma ponderação que possibilita abrir questões, quando, com relação à melancolia, condiciona "Se o amor . . . se refugiar na identificação narcisista",[12] com isso deixando aberta a questão de que o amor pode ter outros caminhos. Quais caminhos? Que luzes estas questões podem lançar sobre as vicissitudes do afeto de amor? "Mil elos"[13] que ligam o sujeito ao seu objeto. Ligação que assemelha, neste ponto, o processo de luto ao de melancolia: "Essa característica de separar pouco a pouco a libido deve, portanto, ser atribuída de igual modo ao luto e à melancolia, sendo provavelmente apoiada pela mesma situação econômica e servindo aos mesmos propósitos".[14]

O que está em questão, porém, é que, em tais circunstâncias indistintas, como aborda Freud, a negação de que houve perda é uma operação do sujeito pesaroso que resiste diante da afirmação da realidade: "Ele não está mais". Afirmação que parte do campo social. Aspecto que faz observar os condicionantes sociais do luto e como este processo se dá ou é dificultado nos casos circunscritos nos marcos das discussões aqui realizadas. A depender das circunstâncias da "perda", o lugar do reconhecimento entra em questão e, com ele, o teste de realidade, que é passagem para o luto: "O teste da realidade revelou que o objeto amado não existe mais, passando a exigir que toda a libido seja retirada de suas ligações com aquele objeto".[15]

---

11 Ibid., p. 281.
12 Ibid., p. 284.
13 Ibid., p. 289.
14 Ibid., p. 289.
15 Ibid., p. 276.

A proposição freudiana é a de que a perda exige a retirada da libido que enlaça o sujeito ao seu objeto de amor, o que constitui o luto como afeto de dor e trabalho penoso, tendo consequências para a posição libidinal do sujeito que se vê obrigado a abandonar a posição que o laço com o objeto sustentava. "Essa exigência provoca uma oposição compreensível – é fato notório que as pessoas nunca abandonam de bom grado uma posição libidinal."[16] Essa referência ao texto freudiano possibilita apreender que há condições para o registro da perda e que este tem consequências que não são de pouca magnitude, operando mudança de posição subjetiva. Quem sou depois de uma perda significativa? Esta é uma pergunta, diz Butler, que o sujeito percorre em seu caminho de luto.[17] Caminho terminável e interminável, numa referência aos impossíveis apontados por Freud em *Análise terminável e interminável*.[18]

O trabalho de luto lança o sujeito ao enigmático, como nos falam Freud e Butler, e o sujeito não sabe quem ele tornar-se-á sem seu objeto de amor. A perda do objeto implica uma perda no sujeito. Se em *Luto e melancolia* Freud indaga sobre as vicissitudes psíquicas de uma perda significativa para o sujeito, aponta que na melancolia o sujeito pode saber *quem* perdeu, mas não o *que* perdeu com o seu objeto de amor.[19] A partir do texto freudiano, é possível dizer que a perda do objeto de amor constitui uma perda no eu, ferida narcísica que dessitua o sujeito. Com a questão de quem o sujeito perdeu, coloca-se a questão de quem tornar-se-á, visto que a relação com o objeto tem implicações para a posição libidinal do sujeito.

---

16 Ibid., p. 276.

17 Butler, 2009.

18 Freud, S. (1980f). Análise terminável e interminável. In S. Freud, *Edição Standard Brasileira das Obras Completas de Sigmund Freud* (Vol. XXIII). Imago. (Publicado originalmente em 1937).

19 Freud, [1915]1917/1980q.

Na experiência clínica praticada no espaço de um serviço público de saúde, em vários casos, seja pela negação de averiguação, seja pelas palavras dirigidas aos familiares, ou, ainda, pela indiferença que as instituições davam ao fato de que uma morte tinha ocorrido, o que era possível apreender era que os familiares não recebiam reconhecimento ou confirmação de que haviam sofrido uma perda. Pelo contrário, o que recebiam era a negação de que com a morte havia uma perda a ser lamentada e chorada.[20]

Esta observação também é apreensível com base no relato de casos como os das Mães de Acari:[21]

> *Como foram esses vinte anos de luta das mães de Acari? Eu digo que nossa luta teve vários momentos. Teve o primeiro momento, que foi a surpresa da notícia, quando a gente quis buscar, descobrir, ajudar. Como é que se consegue sumir com onze pessoas? Por quê? O que eles fizeram de tão grave para merecer isso? Além*

---

20 Este tratamento que nega o caráter de perda à morte é matéria também dos documentários Ônibus 174 (Padilha, 2002) e *Luto como mãe* (Nascimento, 2009).

21 "Há 20 anos, no dia 26 de julho de 1990, onze pessoas – a maioria do bairro pobre de Acari, no subúrbio do Rio de Janeiro – foram sequestradas por um grupo de extermínio formado por policiais civis e militares. Duas décadas depois, os assassinos seguem à solta e as vítimas continuam desaparecidas, aumentando a cada dia o sofrimento de seus familiares depois de tantos anos de luta. No dia 25 de julho, com a prescrição do crime, parentes e amigos dos jovens desaparecidos perderam ainda mais a esperança de encontrar respostas para mais um, de muitos crimes desse Estado fascista contra o povo pobre" (A NOVA DEMOCRACIA, 2010). Em 2022 o jornal *Le Monde Diplomatique Brasil* publicou uma matéria "32 anos: uma homenagem às mães de Acari" (diplomatique.org.br). Também o *Uol*, em 2023, marcou os 33 anos do desaparecimento de onze jovens e a luta das mães, as Mães de Acari (Guimarães, 2023).

de mortos, foram enterrados numa vala comum, como animais. A gente passa por situações, como ter uma Kombi com laudo pericial mal concluído. E a gente vendo que o tempo seria um fator muito importante para quem cometeu o crime. Nós, mães das vítimas, fomos desprestigiadas. Houve descaso.[22]

A busca por saber em nome de que ou de quem os filhos foram mortos – "Por que, o que eles fizeram para merecer isso?" – e as circunstâncias da morte que desumanizam, assemelhando a condição de animal – "Além de mortos, foram enterrados numa vala comum, como animais" – é o que também indaga e aponta Flor sobre o lugar a que o filho e ela foram remetidos.

Se Freud toma a indistinção das circunstâncias como o elemento que confere caráter enigmático à melancolia, em um movimento oposto, ou seja, partindo dos conteúdos que distinguem as circunstâncias, é possível encontrar elementos que permitam visualizar a vicissitude psíquica percorrida? Ou, ainda: de que modo as circunstâncias podem impactar a experiência do luto, atuando para o caminho deste ou para o luto patológico, aí incluída a sua forma melancolizada, em que o tempo não incide?

Estas perguntas se justificam na medida em que podem contribuir para tirar o véu que recobre a morte e o luto como acontecimento sagrado e natural, abstrata e ideologicamente tratados, e

---

22 Marilene Lima de Souza, 58, parte do grupo de Mães de Acari, em entrevista à *Terra Magazine*, em 2010. Na ocasião em que foi feita a pesquisa que deu origem ao presente livro, a entrevista foi publicada em: http://terramagazine.terra.com.br/interna/0,,OI4600003-EI6578,00.html, entretanto, o link não está mais ativo. Confira a entrevista anexada a tese de doutorado de Alencar: https://tede.pucsp.br/bitstream/handle/16919/1/Sandra%20Luzia%20de%20Souza%20Alencar.pdf

para que tais fenômenos sejam tratados como acontecimento social e político, marcados pela desigualdade étnica e de classe. E que afetam aos familiares e a todos, mesmo que disso não se queira saber.

Lugar do e para o luto em circunstâncias de violência

Observar o lugar do e para o luto, a partir da distinção de circunstâncias violentas da morte, deixa transparecer a distribuição desigual dos lutos e dos lugares atribuídos.

Qual o lugar para o luto em tais circunstâncias? E qual a importância do trabalho do luto? Quais as consequências individuais e sociais da negação de lugar para o luto? O que está em causa nestes processos de reconhecimento ou não da dor do outro? O que impede o reconhecimento da morte como uma vida perdida? Butler identifica o luto de determinadas mortes com um processo político de superação da violência ou que esta não se constitua na política:

> *O que está privado de rosto ou cujo rosto se nos apresenta como o símbolo do mal, nos autoriza a tornarmo-nos insensíveis ante as vidas que temos eliminado e cujo luto resulta indefinidamente postergado. Certos rostos devem ser admitidos na vida pública, devem ser vistos e escutados para poder captar um sentido mais profundo do valor da vida, de toda vida. Assim, não é que o luto seja a meta da política, porém sem essa capacidade para o luto perdemos esse sentido mais profundo da vida de que necessitamos para opormo-nos à violência. E ainda que para alguns só pode ser*

> *resolvido por meio da violência, parece estar claro que a violência só conduz a mais perda, e que a impossibilidade de perceber os direitos da vida precária só conduz uma e outra vez à amarga dor de um ódio infinito.*[23]

A escuta e o contato com as diversas situações que chegavam à instituição de saúde indicavam que para a compreensão daqueles processos de luto se fazia necessária a referência ao território. E, se o território era um elemento que se mostrava relevante para formular uma compreensão sobre os casos que, de forma complexa, estavam enredados em situações de violência, também era importante que ele fosse incluído em ações que se voltassem para a problemática da violência, numa perspectiva que ultrapassasse o espaço da instituição.

Perspectiva que possibilitava *desnormalizar* e desnaturalizar o dia a dia do serviço, situar o que é social e historicamente constituído, despatologizar a dor e o sofrimento que uma perda produz – que pede palavras de pesar que confiram reconhecimento e dignidade de objeto de amor e recobrimento pela lei, o que atribui pertencimento do objeto de amor perdido à comunidade humana, apelo de Flor e das Mães de Acari.

Dadas essas considerações, a instituição estava convocada a responder àquela densidade de casos e situações. As pessoas que chegavam ao serviço – considerando que muitas das que vivem situações de violência, em que elas ou o objeto de seu amor são lançados à condição de suspeitos, não procuram um espaço (de um serviço público de saúde) para falar de sua dor – e que tinham suas demandas envolvidas em alguma situação de violência, quase

---

23 Butler, 2009, p. 21. Todas as citações da obra de Judith Butler são traduções livres da edição em espanhol.

sempre, eram tratadas de forma a manter isolados seus casos entre si, configurando-se apenas como individuais. Ao serem tratados apenas como casos individuais, não obstante frequência e recorrência, não se criava espaço para indagar as conexões existentes entre eles e o que de comum havia ali, e, portanto, não se produzia laço e dimensão social e coletiva. Eram tomados apenas na qualidade de casos individuais, numa lógica fragmentária da abordagem que tem consequências para a ação.

Se a violência é um fenômeno complexo e de difícil abordagem, uma intervenção que faça frente a aspectos de tal fenômeno precisa também se complexificar e superar ações isoladas e fragmentadas, e procurar *descobrir* e revelar as conexões com o território, ação que não é de um serviço isolado, mas que implica os diversos setores das políticas públicas. Revelar essas conexões já é uma ação de saúde numa perspectiva de saúde coletiva.

As demandas de mães e familiares que se apresentavam em uma instituição pública de saúde, cujo sofrimento mostrava sua relação com perdas solitariamente vividas, estão na base das indagações formuladas. O que escutava era que, por um complexo funcionamento, as circunstâncias da morte tinham como desdobramento negação, pela instituição pública, da possibilidade de averiguação. O corolário era apagar a dimensão da morte como acontecimento de perda de uma vida, lançando os familiares a um lugar em que a lei não confere lugar digno à sua perda e os exclui do espaço compartilhado.

Diversas eram as situações de violência que motivavam a procura por tratamento de saúde mental. A recorrência desta procura talvez possa ser tomada como um elemento que, também na instituição, dificultava a observação da situação na qualidade de acontecimento, pois passava mesmo a constituir o cotidiano do serviço, conferindo homogeneidade àquele dia a dia, numa reprodução do cotidiano do território, que se naturalizava.

A percepção do cotidiano como sequência homogênea, tomada como uma explicação que naturalizava situações de violência, revela a relação com o território, dado que o local em que o serviço se encontrava se apresentava como um elemento autoexplicativo da situação – o que tinha implicações para as respostas dadas às demandas, acolhidas apenas como casos individuais, o que também levava à fragmentação da compreensão e das ações. Assim, as situações de violência que marcavam o cotidiano do serviço se tornavam invisíveis e inaudíveis.

A fala de uma adolescente de 16 anos que veio para tratamento por tentativa de suicídio revela este impacto: "Ontem mataram um amigo meu lá na rua perto de casa. A gente estudou junto, ele morava numa rua depois da minha. A polícia chegou e deu um monte de tiro nele, dizem que ele estava envolvido com o PCC [Primeiro Comando da Capital]. É sempre assim, os moleques morrem...".

Não obstante o quadro de violência que atingia a população e adentrava as portas da instituição, o cotidiano do serviço seguia seu fluxo normalizado, o que apontava para um modo de lidar com aquela situação, que consistia em se manter alheio a ela e à realidade que a produzia, da mesma forma que não se questionavam os impactos daquela sobre os trabalhadores que compunham a equipe do serviço.

Algumas considerações sobre o território na perspectiva do Sistema Único de Saúde (SUS)

Sancionado em 1990, o SUS iniciou sua implementação em São Paulo apenas em 2000[24] e, mesmo assim, timidamente. Na letra do SUS, o processo saúde-doença é reconhecido como socialmente determinado e condicionado por moradia, trabalho, alimentação, entre outros determinantes. Há uma noção de território implicada para a compreensão do fenômeno saúde-doença-cuidado e, consequentemente, para as ações que tenham como direção prevenir, promover e recuperar a saúde.

No caso da violência como fenômeno que marcava o processo saúde-doença dos sujeitos que buscavam alguma resposta para seu sofrimento/adoecimento naquele serviço de saúde, incluir nas análises os elementos e laços que mediavam os fenômenos que ali se apresentavam possibilitava reconhecer aspectos sociopolíticos do sofrimento, superando a abordagem apenas individual, e dar um passo na direção de ações coletivas.

Considerar a saúde em sua dimensão de condições de vida e relações sociais, que está implicada nos setores das políticas econômicas e sociais, possibilita ultrapassar a saúde apenas como política setorial e restrita à assistência e organização da rede de serviços. Ambas as dimensões estão presentes na Lei n. 8.080/90 e podem ser observadas pelo princípio da integralidade das ações,[25] assim

---

24 Junqueira procura fazer um balanço da implementação do SUS na cidade de São Paulo, discutindo as conjunturas político-sociais que tanto resultaram no SUS como obstaculizam sua efetivação e implementação como política pública de saúde. Cf. Junqueira, V. (2001). *Saúde na cidade de São Paulo (1989 a 2000)*. (Observatório dos Direitos do Cidadão: acompanhamentos e análise das políticas públicas da cidade de São Paulo, 3). Polis/PUC-SP.

25 Como disposto no Inciso III do Art. 5º: "III – a assistência às pessoas por intermédio de ações de promoção, proteção e recuperação da saúde, com a

como a noção de territorialização como reconhecimento da realidade local como determinante social do processo saúde-doença:

> *é fundamental lembrar que o SUS assume que a saúde não depende apenas de assistência médica, ela é o resultado de toda a vida do indivíduo: de seu trabalho, de sua habitação, de sua educação e de seu lazer. Neste sentido, para promover a saúde das pessoas, o Estado brasileiro teria de investir intensamente nos setores sociais. Além de garantir assistência à saúde, o Estado deveria promover a igualdade social.*[26]

Em acordo com o SUS, era possível considerar os casos marcados por violência, recorrentes no serviço de saúde, relacionados à realidade territorial. Realidade que se dá a conhecer pelas circunstâncias não apenas de trabalho e de vida, mas das mortes. Assim, a ida ao território, a articulação com outros setores e com a comunidade eram condição para o reconhecimento da realidade local:[27]

> *A territorialização significava o reconhecimento das condições de vida e saúde da população da área de abrangência de cada UBS [Unidade Básica de Saúde], em um processo que, ao esclarecer a determinação*

---

realização integrada das ações assistenciais e das atividades preventivas" (Brasil. (1990, 19 set.). Lei 8080/90. Dispõe sobre as condições para a promoção, proteção e recuperação da saúde, a organização e o funcionamento dos serviços correspondentes e dá outras providências. https://www.planalto.gov.br/ccivil_03/leis/l8080.htm).

26 Junqueira, op. cit., p. 11.

27 É importante ressaltar que, pela própria organização da agenda estabelecida pelo sistema de informatização, os atendimentos médicos, psicológicos, fonoaudiológicos etc. não preveem tempo para a circulação fora do serviço, contando como produtividade apenas os atendimentos individuais e grupais.

> *da situação de saúde, pretendia também promover a vinculação das equipes multiprofissionais à população dos bairros.*[28]

Assim, a noção de território não é de espaço fixo, mas lugar-tempo, complexo de relações socioeconômicas no qual os indivíduos constituem seu viver cotidiano. Com isto, põem em movimento, no presente, relações que têm ligações com o passado histórico, como diz Milton Santos: "A noção de tempo é fundamental. A sociedade é atual, mas a paisagem, pelas suas formas, é composta de atualidades de hoje e do passado".[29] E: "A paisagem é o resultado de uma acumulação de tempos".[30]

Nesta noção, território é lugar dinamicamente ocupado, em configuração pelo uso que dele fazem os homens e mulheres em cada momento histórico. É nesta perspectiva que a explicação de Santos sobre a espacialidade que implica o território auxilia a reflexão sobre o território como determinante para o processo de saúde-doença dos sujeitos.

Com base nesta noção socioespacial, a instituição de saúde pode ser observada apenas como agente que cumpre determinadas funções de modo apenas a manter a marcha da lógica do sistema capitalista que está no processo saúde-doença ou atuar para reconhecer e revelar a dimensão sociopolítica do sofrimento, conforme formulação de Rosa.[31]

Recortar a dimensão espaçotemporal desloca o luto não só de uma abordagem solipsista, mas de abstrações em que muitas

---

28 Junqueira, op. cit., p. 38.

29 Santos, M. (2007). *Pensando o espaço do homem* (p. 60). Edusp.

30 Ibid., p. 54.

31 Rosa, M. D. (2016). *A clínica psicanalítica em face da dimensão sociopolítica do sofrimento*. Fapesp; Escuta.

vezes os processos psíquicos são tomados pelas diversas áreas de conhecimento e atuação: saúde, educação, jurídica etc. É a partir disso que as referências à territorialização, incluídas nas diretrizes organizativas do SUS, também somam para a compreensão do luto em sua relação com o lugar, conceituado como espaço ocupado dinâmica, histórica, social e politicamente, também incidindo nos lugares que os sujeitos ocupam no laço social.

De acordo com a perspectiva construída pelo SUS, o serviço de saúde funcionaria como um agente promotor da articulação entre o que se manifestava individualmente pelas demandas de tratamento médico, psicológico... e os modos históricos de relação dos indivíduos e dos grupos sociais no território. Cumprindo esta função, ao se voltar e indagar sobre o que do sofrimento tem como condicionante o território, aponta para práticas orientadas por uma perspectiva de saúde coletiva. É possível reconhecer o território onde os indivíduos tecem suas vidas como parte da localização de suas posições sociais e subjetivas. Este aspecto não é sem importância para as relações que se estabelecem entre as instituições e os indivíduos e entre estes. E há neste aspecto algo de contraditório com a noção de indivíduo autônomo e independente dos laços sociais. Nisto opera uma contradição que se relaciona com a abordagem social, institucional e discursiva da violência. Tomar esta contradição – presente também na conduta institucional da segurança pública – como objeto de indagação tem importância para o avanço na análise da experiência do luto em situação de violência, bem como do lugar do luto.

No momento da realização das intervenções aqui descritas, a região de São Mateus, por exemplo, localizada na Zona Leste da cidade de São Paulo, contava com cerca de 436 mil habitantes. Dividia-se em três distritos: São Mateus, São Rafael e Iguatemi. O relatório de 2006 divulgado pelo Programa de Aprimoramento das

Informações de Mortalidade (PRO-AIM) descreve a situação de mortalidade em São Mateus:

> *Região periférica da cidade de São Paulo, que, a exemplo de várias outras periferias, é marcada por graves problemas de infraestrutura urbana, acesso a bens e serviços e com uma* população "expulsa" *de áreas mais centrais da cidade. Apesar das dificuldades é uma região com tradição de lutas populares desde a década de 1970.*
>
> *Como triste expressão da falta de condições dignas de vida em várias áreas desta, a incidência de* mortes violentas *de adolescentes e jovens aparece de forma bastante preocupante.*[32]

Os indicadores apontavam os homicídios como a terceira causa de mortalidade da população. Feito o recorte por faixa etária, porém, eles constituíam a primeira causa de mortalidade dos jovens. Segundo dados daquele último relatório, de 1996 a 2005, a região de São Mateus registrou 2.233 óbitos em decorrência de homicídios. Destes, 1.709 foram de pessoas na faixa etária entre 15 e 34 anos. A importância das referências regionais previstas no texto do SUS pode ser avaliada também quando se compara São Mateus com outras regiões da cidade de São Paulo:

> *a cidade de São Paulo é hoje uma das cidades mais violentas do Brasil e do mundo, apresentando, em 1999, uma taxa de homicídios de 66,89/100 mil habitantes, acima da taxa consagrada à região metropolitana*

32 São Paulo (Prefeitura). (2006). A questão da violência em São Mateus. *Boletim PRO-AIM*, (47).

> *(66,55) e muito acima da taxa média do estado de São Paulo (44,18) e do país.*
>
> *Entretanto, estes dados podem, e devem, ser conduzidos a outros patamares. Encontramos na cidade índices completamente díspares, entre distritos do município apartados por apenas alguns quilômetros de distância: Na cidade de São Paulo, em 1999, a taxa de homicídio por 100 mil habitantes variou de 4,11 em Moema (na região central) para 116,23 no Jardim Ângela (na periferia sul).*[33]

As desigualdades sociais materializadas nas diferentes regiões da cidade se explicitam quando se estabelecem comparações entre elas, seja pelos registros de homicídios, seja pelas condições de moradia, saúde, educação, transporte, oferta e acesso a espaços culturais e de lazer, entre outros patrimônios socialmente construídos, mas que se tornam mercantilizáveis e, assim, privativos de uma parcela da população.

Os casos aqui abordados são de mulheres que haviam perdido um familiar, geralmente filhos, em situações de violência. A recorrência ao serviço não se dava necessariamente pela situação de perda, mas por quadros de sofrimento sobre o qual estavam ordenadas a silenciar.

As análises dos elementos que se apresentavam pela demanda e pelos ditos e não ditos dos sujeitos nos espaços de escuta, pelo cotidiano da instituição de saúde, pelos dados da região, pelos discursos midiáticos, revelam que o luto se inscreve e se processa em correlação com o lugar onde se tece a vida. Também é esta relação

---

33 Endo, P. C. (2005). *A violência no coração da cidade: um estudo psicanalítico sobre as violências na cidade de São Paulo* (p. 22). Escuta; Fapesp.

com o lugar social e historicamente determinado e determinante que confere ao luto sua dimensão política.

A partir da pergunta sobre o lugar *do* e *para* o luto em situações de violência, o que se observa é que, a depender das circunstâncias, o luto não encontra lugar de acolhimento e amparo discursivo; pelo contrário, sobre certas mortes é dito que não houve perda, revelando que há mortes que não se constituem em perdas. E, longe de ser uma exceção na sociedade brasileira de hoje, esse é um processo que tende a se naturalizar no funcionamento das instituições de segurança pública, ganhando espaço também em outras instituições e relações sociais.

Parte II

Cálculos dos valores de vida e de morte

3. Circunstâncias da perda e lutos impedidos

Neste capítulo são apresentadas três questões: as circunstâncias da morte e seu impacto sobre o luto; a dimensão do reconhecimento da perda que está implicada nas circunstâncias; e, a partir de *Antígona*, um para além do espaço público de reconhecimento, a autorização como possibilidade de fazer marca e registro e que se choca com a proibição que atua como impedimento para o luto. Neste percurso, o objetivo é apontar alguns aspectos sobre em que circunstâncias um luto pode ser impedido. A partir das análises apresento hipóteses sobre elementos que, sem vir à tona, atuam para que uma morte não seja reconhecida como perda.

Ao indagar sobre o impacto das circunstâncias para o trabalho do luto, o luto e o campo social são correlacionados. E, no confronto destas duas categorias, uma se transforma em interrogante da outra. As interrogações sobre o luto partiram de casos clínicos em que o sofrimento apontava que havia especificidades para o luto em determinadas circunstâncias de mortes. Nesse caminho, o luto se transformou em analisador do campo social e político, interrogado e interrogante.

A dimensão política do luto constitui objeto dos estudos de Berta em sua dissertação de mestrado, *O exílio: vicissitudes do luto. Reflexões sobre o exílio político dos argentinos (1976-1983)*.[1] A este trabalho da autora somam-se outros, como *As locas da Plaza de Mayo: o luto político*.[2]

Também Dunayevich e Pelento, em *Las vicissitudes de la pulsión de saber em ciertos duelos especiales*, tomam o luto em situação de violência como objeto de seus estudos.[3]

As questões encontram apoio em formulações que articulam o luto à dimensão social e política, e foi sobretudo o encontro com o trabalho de Butler que sedimentou as questões que eram levantadas a partir da experiência clínica. Em seu livro *Vida precária: os poderes do luto e da violência*, Butler problematiza os ataques e invasões estadunidenses assentados na justificativa do ataque que sofreram em 11 de setembro de 2001. Butler mostra o engodo deste discurso também pelo tratamento internamente dado aos familiares das vítimas:

> *As vidas* queers *que desapareceram em 11 de setembro não tiveram uma boa acolhida pública dentro das páginas necrológicas dedicadas à construção de uma identidade nacional, e seus entes queridos foram tardia*

---

1 Berta, S. L. (2007). *O exílio: vicissitudes do luto, reflexões sobre o exílio político dos argentinos (1976-1983)* [Dissertação mestrado Programa de Pós-Graduação em Psicologia]. Instituto de Psicologia da Universidade de São Paulo.

2 Berta, S., & Rosa, M. D. (2006). As locas da Plaza de Mayo: o luto político. In N. V. A. Leite (Org.), *Corpolinguagem – Angústia: o afeto que não engana* (pp. 333-347). Mercado de Letras.

3 Dunayevich, J. B., & Pelento, M. L. (1991). Las vicisitudes de la pulsión de saber en ciertos duelos especiales. In J. P.-R. Kaës (Comp.), *Violencia de Estado y psicoanálisis* (pp. 79-91). Bibliotecas Universitarias Centro Editor de America Latina e Asemblea Permanente por los Derechos Humanos.

> *e seletivamente reconhecidos em seu direito a receber os benefícios correspondentes (a norma matrimonial funcionando uma vez mais).*[4]

Os ataques dos Estados Unidos ao Iraque mataram milhares de pessoas, adultas, jovens e crianças, que se constituíram em perdas sem registros, perdas anônimas, o que leva Butler a indagar sobre o poder do luto e a violência que pode ser uma das formas de reação a perdas. Há vidas que são destituídas do *valor* de serem vividas, que não contam com reconhecimento, e este processo obedece a uma distribuição geopolítica, esta é a formulação de Butler sobre o que ela denomina como vidas precárias. A esta formulação da autora é possível associar a de mapa afetivo, conforme Elias aborda em outro contexto.[5] Retrospectivamente é possível relançar às questões levantadas no segundo capítulo, que recortam o território – região da periferia da cidade de São Paulo – dimensão que assume relevância para questionar a negação de perda às mortes que ocorrem nas periferias das cidades ou em relação a uma divisão entre Primeiro e Terceiro Mundo.

No acompanhamento clínico a Flor, o que escutava é que lhe foi proibido saber sobre a morte de seu filho, Júnior, quem era o responsável, pois lhe foi negada a instalação de processo de averiguação jurídico-policial, o que teve como desdobramento a exclusão da morte de Júnior dos marcos legais e, a partir daí, das redes de significações sociais e culturais que oferecem recursos simbólicos para recobrir as mortes. Flor não recebeu o arcabouço simbólico, incluindo os instrumentos legais, para recobrir o corpo do

---

4 Butler, J. (2009). *Vida precária: el poder del duelo y la violencia* (F. Rodriguez, Trad.; pp. 61-62). Paidós.

5 Elias, N. (1994). *A sociedade dos indivíduos* (V. Ribeiro, Trad.). Jorge Zahar Editor.

filho, dadas as circunstâncias da morte. Situações semelhantes à de Flor também podem ser ouvidas nos relatos das Mães de Acari.[6]

O que foi possível observar com o caso Flor foi a dimensão pública que implica o luto. Com base nas formulações de Berta e Rosa, Allouch e, mais diretamente, conforme abordado por Butler,[7] o luto revela sua dimensão política; com isto, é possível afirmar que o luto não é assunto privado, a ser guardado em silêncio. A vida e a morte são dimensões sociais e políticas:

> *Muita gente pensa que um luto é algo privado, que nos devolve a uma situação solitária e que, neste sentido, despolitiza. Porém creio que o luto permite elaborar em forma complexa o sentido de uma comunidade política, começando por colocar em primeiro plano os laços que qualquer teoria sobre nossa dependência fundamental e nossa responsabilidade ética necessita pensar. Se meu destino não é original nem finalmente separado do teu, então o "nós" está atravessado por uma correlatividade à qual não podemos nos opor com facilidade; o que mais bem podemos discutir, porém, estaria*

---

6 O crime praticado contra pessoas moradoras do bairro de Acari, que resultou em onze mortos, dos quais sete eram adolescentes, prescreveu. Desamparo legal e simbólico é o que produz o tratamento dado ao crime e às mortes. A violência não termina com os assassinatos, pois o tratamento dado aos familiares reitera e atualiza a violência. Questionada sobre sua reação ao receber a notícia de que o crime havia prescrito, Marilene Souza responde: "Quando fiquei sabendo, eu me senti completamente desamparada. Lutei tanto, busquei ajudar a polícia para que a gente conseguisse nosso objetivo, que era encontrar os onze. Eu me senti sem resposta, totalmente desamparada." Confira a entrevista anexada a tese de doutorado de Alencar: https://tede.pucsp.br/bitstream/handle/16919/1/Sandra%20Luzia%20de%20Souza%20Alencar.pdf

7 Berta e Rosa, 2006; Allouch, J. (2004). *Erótica do luto no tempo da morte seca* (P. Abreu, Trad.). Companhia de Freud; Butler, 2009.

> *negando algo fundamental acerca das condições sociais que nos constituem.*[8]

E, mais adiante, continua Butler:

> *o luto nos ensina a sujeição a que nos submete nossa relação com os outros em forma que nem sempre podemos contar ou explicar – formas que frequentemente interrompem o próprio relato autoconsciente que tratamos de fornecer; formas que desafiam a versão do indivíduo mesmo como sujeito autônomo capaz de controlar tudo. Enfrentemo-nos. Os outros nos desintegram. E se não fosse assim, algo nos faltaria.*[9]

O que Butler toma como objeto de seu estudo é a negação de reconhecimento de perda que recai sobre as mortes de pessoas que vivem em determinados territórios, pessoas pertencentes a determinados grupos étnico-raciais ou com base em identidades sexuais. Assim, a autora revela as aspas da vida humana, o reconhecimento de humano obedece a critérios. Critérios bem definidos. E é com base nesta distribuição socioespacial que são concedidos espaços de manifestação para que uma perda seja dita ou que desapareça sem deixar marcas:

> *Um cidadão palestino dos Estados Unidos enviou recentemente ao* San Francisco Chronicle *os obituários de duas famílias assassinadas por tropas israelitas, para receber como única resposta que não se aceitavam*

---

8 Butler, 2009, pp. 48-49.

9 Ibid., p. 49.

obituários sem certidão de óbito.[10] *A equipe do* Chronicle *agregou que, não obstante, podiam publicar-se textos "em memória", e deste modo os obituários foram reescritos e reenviados em forma de memoriais. Porém, estes memoriais também foram rejeitados com a explicação de que o diário não queria ofender a ninguém. Temos de nos perguntar sob que condições o luto público constitui uma "ofensa" para o próprio público, um intolerável desabafo dentro dos termos daquilo que pode se dizer publicamente. O que pode ser "ofensivo" na manifestação pública de luto e perda para que um memorial funcione como um enunciado ofensivo? Não podemos nomear estas mortes em público por temor de ofender aqueles que se aliam ao Estado ou ao exército de Israel? Estas mortes não se consideram verdadeiramente mortes nem vidas dignas de lembrança porque se trata de palestinos ou porque são vítimas da*

---

10 Neste ponto, a autora apresenta a seguinte nota de rodapé: "Os memoriais dizem o seguinte: 'Em memória de Kamla Abu Sa'id, 42, e sua filha Amna Abu-Sa'id, 13, ambos palestinos do campo de refugiados de O Bureij. Kamla e sua filha foram assassinadas no dia 26 de maio de 2002 por tropas israelenses enquanto trabalhavam em uma granja da Faixa de Gaza. Em memória de Ahmed Abu Seer, 7, uma criança palestina, assassinada por balas em sua casa. Ahmed morreu de feridas mortais de bala em seu coração e em seus pulmões. Ahmed estava no segundo ano na escola primária de Al-Siaak em Nablus. Todos os que o conhecemos sentiremos saudades. Em memória de Fatime Ibrahim Zakarna, 30, e seus dois filhos, Bassem, 4, e Suhair, 3, todos palestinos. Mãe e filhos foram assassinados no dia 6 de maio de 2002 por soldados israelenses enquanto colhiam uvas em um campo na localidade de Kabatiya. Deixaram Mohammed Yussef Zukarneh, esposo e pai, e Yasmine, filha de 6 anos'. Estes memoriais foram enviados pela capela de São Francisco de Cristãos Árabe-estadunidenses pela Paz. O *Chronicle* rejeitou publicá-los, inclusive quando estas mortes foram reportadas e verificadas pela imprensa de Israel (correio eletrônico privado)" (Butler, 2009, p. 62).

> *guerra? Que relação existe entre a violência que pôs fim a estas vidas e a proibição de seu luto público? Esta violência junto com a posterior proibição são inflexões de uma mesma violência? A proibição do discurso tem alguma relação com a desumanização dos mortos – e dos vivos?*[11]

As formulações de Butler podem ser correlacionadas com as de Goffman.[12] Este autor aponta traços e aspectos que impedem uma pessoa de ser incluída na categoria de humano. A atualidade de suas formulações mostra um modo de funcionamento social estruturalmente desigual que, muito longe de ser democrático, em que as condições de pertencimento estariam igualmente distribuídas, é altamente desigual e excludente. Nele, muitos são indesejáveis:

> *E mesmo quando estão implícitas normas amplamente realizadas, a sua multiplicidade tem o efeito de desqualificar muitas pessoas. Por exemplo, num sentido importante há só um tipo de homem jovem, casado, pai de família, branco, urbano, do Norte, heterossexual, protestante, de educação universitária, bem empregado, de bom aspecto, bom peso, boa altura, e com um sucesso recente nos esportes. Todo homem americano tende a encarar o mundo sob essa perspectiva, constituindo-se isso, num certo sentido, em que se pode falar de um sistema de valores comuns na América. Qualquer homem que não consegue preencher um desses quesitos ver-se-á, provavelmente – pelo menos em*

---

11 Butler, op. cit., pp. 62-63.

12 Goffman, E. (1981). *Estigma: notas sobre a manipulação da identidade deteriorada* (M. B. de M. L. Nunes, Trad.). LTC.

> *alguns momentos – como indigno, incompleto e inferior; em alguns momentos, provavelmente, ele encobrirá e em outros é possível que perceba que está sendo apologético e agressivo quanto a aspectos conhecidos de si próprio que sabe serem provavelmente considerados indesejáveis.*[13]

Na mesma direção das análises de Goffman, ainda que com outras bases epistemológicas, Butler enfatiza o engodo da declaração da condição humana universal: "Não há uma condição humana universalmente compartilhada. A questão que me preocupa à luz dos recentes acontecimentos, é o que conta como humano, as vidas que contam como vidas e, finalmente, o que faz que uma vida valha a pena".[14]

As vidas reconhecidas como vidas que *valem* a pena assumem relevância para os estudos sobre o luto, pois a noção de importância de todas as vidas é posta em questão e revela que a desigualdade social em que se tece a vida estabelece quais mortes se constituem em perdas.

Desde Freud, é possível saber que a morte põe condições para ser reconhecida como perda. Este é o estatuto da melancolia, de um não saber da falta sofrida. A esta dimensão vem se sobrepor a questão sobre o espaço no qual se articula a morte como perda a partir de um reconhecimento. Morte, perda e luto são elementos que não são naturais nem estão diretamente associados. Pelo contrário, eles podem ser social e subjetivamente desarticulados. O que conta para essa desarticulação e de onde ela parte são elementos que, ao serem revelados, lançam luz sobre processos subjetivos e sociais implicados no e para o luto.

---

13 Ibid., p. 139.

14 Butler, 2009, p. 46.

Seguindo os autores anteriormente citados, as mortes estão inseridas nas mesmas relações que regulam as vidas. E a vida não é apenas biológica, mas social e política. Assim, a distribuição das condições sociais de existência obedece a leis de funcionamento social, e intrínseco a elas está o reconhecimento de que vida *vale* a pena ser vivida e a que mortes é atribuída a significação de perda.

Existe um mapa de distribuição geopolítica das vulnerabilidades dos corpos, diz Butler. O contexto do trabalho de Butler, como já assinalado, é o dos Estados Unidos como Primeiro Mundo. É com base nesta prerrogativa que se estabelece o reconhecimento de perda às mortes do dia 11 de setembro, assim como é com base nela que é determinada que estas perdas deveriam não só ser choradas, mas vingadas. Este processo se dá segundo critérios sociais e políticos de quais vidas contam como humanas:

> *[eu] estudo como certas formas de dor são reconhecidas e amplificadas nacionalmente, enquanto outras perdas se tornam impensáveis e indolores. Sustento que o apagamento da representação pública dos nomes, imagens e narrações daqueles a quem os Estados Unidos assassinaram vai seguido de uma melancolia em escala nacional, entendida como um luto reprimido. Em contrapartida, as perdas dos Estados Unidos são consagradas em obituários públicos que constituem atos de construção da nação. Algumas vidas valem a pena, outras não; a distribuição diferencial da dor que decide que classe de sujeito merece um luto e que classe não merece produz e mantém certas concepções excludentes do que é normativamente humano: o que conta como vida vivível e morte lamentável?*[15]

15 Ibid., pp. 16-17.

As circunstâncias das mortes em situações de violência se constituíam em tela, biombo, impedindo o reconhecimento da perda. O que se revela também pelos (não) encaminhamentos dados aos familiares pelas instituições públicas de segurança, que não tornava possível a separação entre a morte e suas circunstâncias. Aspecto que, no caso de Flor, passou a atuar com força de impedimento de seu luto. O impedimento condensa o social e o subjetivo, na medida em que é do campo social que parte o reconhecimento que afirma ou nega a perda e, com isso, opera conferindo importância e confirmando dignidade de objeto de amor, ou desqualificando o objeto. Que efeito a negação de reconhecimento tem para o enlutado? É contra a degradação à qual as palavras do policial remetem o objeto de amor, destituindo-o enquanto tal, que, no caso de Flor, os sintomas vão atuar como resistência. A palavra, a voz, os ditos e os não ditos estão no que possibilita tramitações ou que se constitui em impasses para processos subjetivos. No caso clínico, estes impasses que apontavam impedimentos se faziam escutar mais ruidosamente pelos sintomas no corpo.

Assim, em uma nova articulação sobre os sintomas, é possível entrever a proibição pública que também configura os sintomas de Flor. A negação do reconhecimento que atribuiria valor de perda à morte de seu filho operava sobre ela, que tentava guardar e silenciar o sofrimento no corpo. O que lhe estava proibido expressar? Há uma indagação nas palavras de Flor: "Em nome de que ou quem meu filho morreu?". À morte, por assassinato, seguia-se um encaminhamento institucional fora da lei. Ela não devia querer saber, foi isto que escutou nas palavras do policial. E esta proibição está na sua experiência de luto, explicitando que o luto pede reconhecimento no e do espaço público para que a morte do ente querido se constitua em uma perda lamentada e chorada.

O que escutava de Flor era um impedimento que sobre ela foi lançado de sofrer a/com a perda. Tal impedimento ela recebia do espaço público: "*Nesses casos é melhor não mexer... deixar isso pra lá*".

A dimensão de impedimento, capaz de bloquear o trabalho do luto, pode ser encontrada em *Luto e melancolia* quando Freud se volta para interrogar o lugar psíquico em que se tece o trabalho implicado nas vicissitudes que resultam no luto ou na melancolia, concluindo que ambos ocorrem no sistema inconsciente (*Ics*) e, ali, demarca uma diferença que atua como bloqueio que impede o movimento e a tramitação libidinal na melancolia:

> *No luto, também, os esforços para separar a libido são envidados nesse mesmo sistema; mas nele nada impede que esses processos sigam o caminho normal através do* Pcs. *até a consciência. Esse caminho, devido talvez a um certo número de causas ou a combinação delas, está bloqueado para o trabalho na melancolia.*[16]

Seguindo com Freud, uma pergunta se coloca: em que circunstâncias de perda pode um luto ser impedido?[17] O caminho aqui percorrido procura explicitar que as circunstâncias da perda se relacionam com a experiência do luto e de que modo esta relação ocorre. Diferentemente do que está em *Luto e melancolia*, a negação da perda não partia do sujeito enlutado, mas do espaço público, com o qual o familiar mantém uma relação de dependência para reconhecer a morte de seu ente querido como perda e localizar sua falta.

---

16 Freud, S. (1980q). Luto e melancolia. In S. Freud, *Edição Standard Brasileira das Obras Completas de Sigmund Freud* (Vol. XIV, p. 290). Imago. (Publicado originalmente em [1915]1917). Grifo no original.

17 Ibid.

A partir das vinhetas clínicas, é possível observar que Flor, inicialmente, centrava seu relato não no objeto de seu amor perdido, mas nas circunstâncias da perda. O que aparecia de suas descrições eram inibições articuladas a impedimentos sofridos: não conversava, não conseguia respirar, sentia-se sufocada, não conseguia mais trabalhar, também não chorava. Assim, a morte que sofreu era uma morte seca,[18] e ela vivia seu luto em um lugar deserto, lugar de desamparo e solidão, impedida de expressar seu luto e de nomear sua dor, seu amor. Aqui, resta ao sujeito guardar o amor em silêncio, dificultando movimentos e tramitação libidinal.

A busca por tratamento se motivou pelos sintomas. Em suas associações à descrição que fazia destes seguiam as circunstâncias da perda do filho. Assim, ela apontava a associação, sem disso se apropriar, entre seus sintomas e a perda do filho, mas de tal maneira que o que se apresentavam eram as circunstâncias da morte.

Seguir as associações de Flor possibilitava escutar onde ela se *detinha*, ou era *detida*, e esta *detenção* se articulava à proibição que recaía sobre ela. Ela não estava autorizada a falar, a chorar, a ter espaço público e a tornar pública a dor que sentia com a perda do filho; deveria silenciar a perda da vida do filho, perda que, além de anônima, permanecia silenciosa.

O que produz esta proibição na qual Flor se detém?** Os sintomas de Flor ocultavam, revelando, um mandado – simulacro de Lei – de silêncio. Silêncio sobre a morte do filho, sobre a qual recaía uma proibição de saber. Na delegacia, foi apresentada a Flor *uma identidade* de seu filho, que assumia o sentido de remeter a morte para fora do recobrimento da lei. O que disseram a Flor é que ela não sabia quem era o filho, afirmação cujo corolário é acusá-la como mãe. Disseram-lhe que havia algo que não se podia esconder

---

18 Allouch, 2004.

ou que precisava ser sobreposto à morte: que seu filho era criminoso. É isto que está dito como sentença de acusação/culpa no encaminhamento que recebe na instituição pública de segurança: "ela não sabe" sobre a vida do filho, disseram-lhe, e, agora, não deve saber sobre a morte dele. A autoridade policial imbuída de uma posição de saber impõe um mandado de proibição irrevogável.

É com base nisso que é possível observar as manifestações institucionais da Segurança Pública em relação com os territórios, relação que em alguns espaços da cidade comparece exclusivamente como relação de controle, de suspeita e de ameaça contra a vida de pessoas que, embora nominalmente considerados cidadãs, a partir de determinados traços, constituem o exército dos indesejáveis. Assim, a associação da segurança pública às instituições policiais é reservada para espaços específicos da cidade. Nesta distribuição, a morte de Júnior não é tratada como a de um cidadão, e nesse ponto reside a questão de Flor: quem é o filho? Que lugar é dado a ele? O tratamento dado a ele e a ela é de exclusão dos pertencentes à comunidade humana.

Havia uma tensão entre o ordenado – a negação da perda – e a afirmação de Flor de que não podia seguir vivendo da mesma forma, pois perdera *um* filho, o que, se não aparecia nas palavras, aparecia no corpo. Os sintomas de Flor podem ser interpretados como afirmação de que a morte de seu filho era um acontecimento e que era necessário encontrar espaço para seu luto, esta era a condição para sair do impedimento que recaía sobre ela.

A proibição do saber é o aspecto tomado por Dunayevich e Pelento ao analisar os efeitos dos desaparecimentos como tática de ação do poder militar na Argentina no período ditatorial de 1976 a 1983:

> *Como podemos observar na clínica, a obturação do saber que a metodologia do desaparecimento instrumentaliza produz nos familiares dos desaparecidos – tomando um eixo temporal – os seguintes efeitos: ao começo, e como consequência de sua potencialidade traumática, rompe pontos de certezas elementares, ao mesmo tempo que intensifica o desejo de saber. Pensamos que esta intensificação é produto do mesmo efeito traumático, que exacerba os componentes próprios da pulsão de saber. Recordemos que um de seus componentes – a pulsão de domínio – se manifesta em todos aqueles fenômenos em que se trata de dominar a excitação traumática.*
>
> *Entendemos, portanto, que em um primeiro momento a busca de um saber: saber quem sequestrou a vítima, por que e onde está, opera resgatando minimamente o sujeito da desestruturação.*
>
> *A esta função se agrega quase imediatamente outra: a de ajudar o sujeito a se resgatar do discurso renegador e mentiroso do poder.*
>
> *Nesse ponto, é importante assinalar que a transformação do saber que produz o discurso do poder – que transforma um saber possível em impossível, um saber permitido em proibido – provoca nas pessoas um deslizamento do saber do campo da verdade ao campo da certeza. Desse modo, a pulsão de saber se converte em uma peremptória exigência de obter certezas e evidências, o que origina uma busca incessante por informações.*[19]

Se não há uma proibição oficial, como no contexto da ditadura militar argentina, a situação de violência que envolve a morte de

19 Dunayevich & Pelento, 1991, p. 85, tradução livre do espanhol.

Júnior e determinados territórios da cidade se assemelha com os que as autoras denominam como "as vicissitudes da pulsão de saber em certos lutos especiais". Há um silêncio imposto, e o caso de Flor é emblemático disso, não em nome de alguma lei, mas fora desta.

O silêncio se revela também uma categoria analisadora do luto, especialmente nas situações de violência e especificamente no recorte que originou as questões aqui abordadas, em que a condição de vítima é suspensa pela suspeita de ato ilícito.

A partir da greve que faz com o próprio corpo, Flor reivindica saber quem matou seu filho, em nome de quem ele foi morto. Estas perguntas estão relacionadas ao *desprendimento*, no sentido freudiano, de reconhecer a perda do objeto de *amor* e *poder*, num trabalho que é lento e doloroso, se deslocar da posição subjetiva que a relação libidinal conferia ao sujeito. O que implica para o sujeito perguntar quem é ele sem seu objeto de amor e mostra a complexidade e a árdua tarefa do luto:

> *O luto pela perda de algo que amamos ou admiramos se afigura tão natural ao leigo, que ele o considera evidente por si mesmo. Para os psicólogos, porém, o luto constitui um grande enigma, um daqueles fenômenos que por si sós não podem ser explicados, mas a partir dos quais podem ser rastreadas outras obscuridades. . . . Vemos apenas que a libido se apega a seus objetos e não renuncia àqueles que se perderam, mesmo quando um substituto se acha bem à mão. Assim é o luto.*[20]

20 Freud, S. (1980ab). Sobre a transitoriedade. In S. Freud, *Edição Standard Brasileira das Obras Completas de Sigmund Freud* (Vol. XIV, pp. 346-347). Imago. (Publicado originalmente em [1915]1916).

O luto, a partir das questões aqui discutidas, longe de ser abordado como algo privado, que ocorre e diz respeito ao indivíduo e ao seu objeto de amor perdido, é colocado no lugar das relações sociais e sofre determinação dos laços que regulam a vida e a morte.

O objetivo com as questões abordadas é contribuir para desnaturalizar o que é social e político e possibilitar resistências ao discurso hegemônico da medicalização que patologiza e trata sintomas apenas como índices para classificações, o que transforma o luto em matéria privada, correlacionada à capacidade subjetiva individual. Abordar o luto como fenômeno sociopolítico possibilita apontar para intervenções clínico-políticas que se dirijam também ao campo simbólico e rompam pactos de silêncio. Se o luto necessita de reconhecimento que parta do espaço público, que tenha efeito de autorização, ele se constitui em categoria social e política. Assim, para além do espaço de escuta individual e em grupo, é possível constituir ações que possam intervir no campo sociopolítico e coletivamente romper silêncios. Com esta questão, como será apresentado no último capítulo, se teceu coletivamente uma ação de saúde pública no território que objetivava ser um espaço de construção coletiva do luto.

No caminho do luto, o sujeito é lançado a indagar sobre si, quem passa a ser sem o seu objeto de amor perdido.[21] Esta formulação se faz audível no que diz Amarílis, cuja morte da filha a lança no indeterminado caminho do luto. No segundo encontro de um grupo, ela diz: "*Esta que está aqui hoje não é a mesma que estava na semana passada, anteontem foi o enterro da minha filha*".

A filha desta mulher, uma jovem de 23 anos, havia sido morta três dias antes desse segundo encontro de um grupo.

21 Butler, 2009.

Houve uma tentativa de roubo num ônibus, o que ocasionou uma troca de tiros. Três pessoas morreram: um adolescente de 16 anos, que estava junto com outro adolescente praticando o roubo; um homem adulto, policial; e a filha de Amarílis. Essa situação, contemporânea aos atendimentos clínicos de Flor, revela diferenças que marcam particularidades entre os dois casos. Amarílis fala no grupo e neste é acolhida; sua filha é reconhecida como vítima e, assim, ela também. Acolhimento que mostra sua importância e também revela o silêncio a que é remetido o familiar sobre cujo objeto de amor é lançada suspeita ou acusação.

A proibição de reconhecer e fazer pública a perda sofrida é diretamente expressa nos depoimentos que estão no documentário do cineasta José Padilha,[22] *Ônibus 174*. O documentário narra o sequestro do ônibus 174, no Rio de Janeiro, ocorrido em junho de 2000. Uma das imagens captadas por Padilha é o assassinato de Sandro Barbosa do Nascimento, jovem que realizou o sequestro.

O diretor do documentário percorre alguns aspectos da história de vida de Sandro. Entrevista uma tia do jovem e uma senhora que Sandro, em determinado momento de sua vida, aos 13 anos de idade, passou a reconhecer como mãe. Ao enterro de Sandro comparece apenas esta mãe adotiva. A tia diz que sente constrangimento de ir ao sepultamento por medo da repercussão pública, temendo ser alvo de perseguição e ataques. Sandro, sobrevivente da chacina da Candelária, ocorrida em 1993, não é uma vida que pode ser contada como perdida.[23]

Quando Butler volta sua atenção para as ações de violência que são desencadeadas e *justificadas* a partir do dia 11 de setembro de 2001, ela observa as manifestações públicas, o conteúdo das

---

22 Padilha, J. (2002). *Ônibus 174*. Brasil: Riofilme. Documentário, 133 min.

23 Ver o Anexo B deste volume.

narrativas e das imagens que circulam nos meios de comunicação e, com estas, as vidas perdidas que produzem sentimento de pesar, ao mesmo tempo que, por meio delas, se constitui o padrão de humanidade:

> *Igualmente, o amplo informe dos momentos finais das vidas que se perderam no World Trade Center produz relatos de importância que atraem irresistivelmente nossa atenção. São histórias que fascinam, que produzem uma intensa identificação ao despertar sentimentos de temor e de pesar. No entanto, não se pode senão perguntar-se pelos efeitos humanizantes destas narrações. Com isto não quero simplesmente dizer que o que se humaniza nestas histórias sejam as vidas que se perderam junto com as que se salvaram, senão que são elas que põem em cena e proveem os instrumentos narrativos pelos quais se estabelece "o humano" em sua possibilidade de ser recordado.*[24]

Estas narrativas, diz Butler, têm o efeito de produzir a realidade da perda, porque a negação de que houve perda tem como corolário a irrealidade. Desse modo, as narrativas contam não apenas para produzir o sentimento de identificação e pesar com a dor do outro, mas também para dar realidade à perda sofrida e, assim, possibilitar que uma vida não desapareça sem deixar marcas, uma vida cuja ausência possa ser contada:

> *De que modo nossos marcos culturais para pensar o humano põem limites sobre o tipo de perda que podemos reconhecer como uma perda? Depois de tudo, se alguém*

24 Butler, 2009, p. 65.

> *desaparece, e essa pessoa não é ninguém, então o que e onde desaparece, e como pode ter lugar o luto?... Refiro-me não só a seres humanos não considerados humanos, e dali a uma concepção restritiva do humano sobre a qual se baseia a exclusão. Não se trata simplesmente de fazer ingressar os excluídos dentro de uma ontologia estabelecida, senão de uma insurreição a nível ontológico, uma abertura crítica de perguntas como: O que é real? Que vidas são reais? Como poderia reconstruir-se a realidade? Aqueles que são irreais já sofreram, em algum sentido, a violência da desrealização? Qual é então a relação entre a violência e essas vidas consideradas "irreais"? A violência produz esta irrealidade? Essa dita irrealidade é a condição da violência?*[25]

A análise de Butler sobre que perdas podem ser contadas e perdas que não se contam, apagadas sem deixar rastros, como vidas que existiram, é de que essa condição não decorre da morte: algumas vidas não recebiam reconhecimento e não contavam também em vida:

> *Assim, se a violência se exerce contra sujeitos irreais, do ponto de vista da violência não há nenhum dano ou negação possível a partir do momento em que se trata de vidas já negadas. Porém essas vidas têm uma estranha forma de manterem-se animadas, motivo pelo qual devem ser negadas uma e outra vez. São vidas para as quais não cabe nenhum luto porque já estavam perdidas para sempre ou porque mais bem nunca "foram",*

25 Ibid., pp. 59-60.

> *e devem ser eliminadas a partir do momento em que parecem viver obstinadamente em estado moribundo.*[26]

Há casos em que a realidade dá prova da inexistência da perda, contrariando a "prova de realidade", apontada por Freud como precondição para o luto. Numa torção, o que entra em questão é que a realidade precisa ser posta à prova para que não se revista de discurso científico o que é ideologicamente produzido. Este alerta está em Reich, autor comumente proscrito de alguns campos de discussão, mas que levanta questões que mostram sua atualidade:

> *a definição do princípio de realidade como requisito da sociedade se torna formalista quando não toma em consideração o fato concreto de que este princípio, tal como existe atualmente, é princípio da realidade da sociedade capitalista, isto é, da empresa privada. Existem na psicanálise em relação à concepção do princípio de realidade numerosos desvios idealistas; muitas vezes se apresenta como algo absoluto e por adaptar-se à realidade se entende simplesmente submeter-se à sociedade, o que, aplicado à pedagogia ou à terapia das neuroses, é sem dúvida uma formulação conservadora. Concretamente: o princípio de realidade sob o domínio do capitalismo exige do proletariado uma limitação extrema de suas necessidades, o qual não poucas vezes se disfarça de exigências religiosas de humildade e modéstia, como também exige uma vida monogâmica e tantas outras coisas. Tudo isto tem seu fundamento nas relações econômicas; a classe dominante dispõe de um princípio de realidade que lhe serve para manter-se*

26 Ibid., p. 60.

> *no poder. Se tem êxito em educar ao trabalhador para sujeitar-se a este princípio de realidade, se em nome da cultura o pressiona a aceitá-lo como algo absolutamente válido, automaticamente se consegue a aceitação de sua exploração e da sociedade capitalista. Deve aclarar-se que o conceito princípio de realidade, tal como muitos o concebem, corresponde a uma atitude conservadora (ainda que inconsciente) que contrasta com o caráter revolucionário da psicanálise. O princípio de realidade teve anteriormente outros conteúdos e se modificará à medida que a sociedade mude.*[27]

Se a prova de realidade, como postulada por Freud, sobrepõe-se ao apego libidinal ao objeto perdido – materializado no "Não acredito", ao qual a realidade opõe o "Ele não está mais", visto que, em todos os lugares em que é esperada a presença do amado, o que se encontra é ausência –, como se processa o luto em situações em que o espaço público nega a realidade da perda e a perda como realidade? Que lugar há para os familiares não sucumbirem ao silêncio *ordenado*?

Em *Reflexões para os tempos de guerra e morte*, Freud aborda a nossa atitude para com a morte e relaciona a desilusão com as promessas de recompensas que deveriam advir com a renúncia pulsional.[28] A guerra mostra o caráter ilusório da promessa, e esta observação tem efeitos sobre o que constitui a atitude das pessoas em tempo de pacificação. É com base nisto que Freud analisa a

27 Reich, W. (1989). Materialismo dialéctico y psicoanálisis (R. V. H. de Sevilla, Trad.; pp. 25-26). Siglo XXI Editores.

28 Freud, S. (1980aa). Reflexões para os tempos de guerra e morte. In S. Freud, *Edição Standard Brasileira das Obras Completas de Sigmund Freud* (Vol. XIV). Imago. (Publicado originalmente em 1915).

atitude dos indivíduos em tempos de guerra, em total desconsideração de suas conquistas culturais, que põem freio às pulsões:

> *Ao lado do corpo sem vida do ente amado, passou a existir não só a doutrina da alma, a crença na imortalidade e uma poderosa fonte de sentimento de culpa do homem, mas também os primeiros mandamentos éticos. A primeira e mais importante proibição feita pela consciência que despertava foi: "Não matarás". Surgiu em relação a pessoas mortas que eram amadas, como uma reação contra a satisfação do ódio que se ocultava sob o pesar, estendendo-se gradativamente a estranhos que não eram amados e, finalmente, até mesmo a inimigos.*
>
> *Essa extensão final do mandamento já não é experimentada pelo homem civilizado. Quando a furiosa luta da guerra atual for decidida, cada um dos combatentes vitoriosos retornará alegremente à pátria, para sua esposa e seus filhos, sem ser questionado nem perturbado por pensamentos sobre os inimigos que, quer de perto, quer de longe, matou. É digno de nota que as raças primitivas que ainda sobrevivem no mundo, e que indubitavelmente se acham mais próximas do que nós do homem primevo, agem de modo diferente em relação a isso, ou pelo menos agiam até ficarem sob a influência de nossa civilização. Selvagens – australianos, boximanes, fueginos – estão longe de ser assassinos implacáveis; quando voltam vitoriosos da guerra não pisam em suas aldeias nem tocam em suas esposas até que tenham expiado os assassinatos que perpetraram na guerra por penitências, quase sempre longas e tediosas.*[29]

29 Ibid., p. 334.

A referência freudiana contribui para as interrogações sobre a relação entre o luto e as circunstâncias da perda e para visualizar o campo social e os critérios de seletividade das vidas que merecem ser vividas e das mortes que merecem ser choradas. Um sistema social, em que, como aponta Walter Benjamin, a exceção é a regra: "A tradição dos oprimidos nos ensina que o 'estado de exceção' em que vivemos é na verdade a regra geral".[30]

O que Flor recebia do espaço público se tornava ordenamento de que ela ignorasse a morte do filho e de que não sofresse sua perda, explicitando que há mortes que não se constituem em perdas. A posição social de morador da periferia, de jovem negro, destitui de *valor* a vida de Júnior. Assim, sua morte não era considerada precoce, interrompendo uma vida que tinha *valor* de ser vivida. Que cálculo está em questão para a relação que impede o reconhecimento de perda à morte de um jovem?

A experiência de perda de um objeto de amor produz um corte no ritmo de vida de quem a sofre, com efeitos profundos, na medida em que implica a perda não só do objeto, mas a perda de "algo" do enlutado, dimensão do *que* se perde com o objeto da perda, este *que* referido não a algo do objeto, mas do sujeito.

Esta conclusão está em Allouch, em sua interrogação crítica das construções de Freud sobre o luto.[31] É necessário perder o que constitui "algo" de si, algo se deve entregar gratuitamente. Sem esta perda o luto não se faz e o objeto insepulto assombra, como fantasma – e um "luto impedido" atravessa gerações:

30 Benjamin, W. (1994d). Sobre o conceito de história (S. P. Rouanet, Trad.; 7ª ed., p. 226). Brasiliense. (Publicado originalmente em 1940).

31 Allouch, 2004.

> *O luto não é somente perder alguém (um "objeto", diz algo intempestivamente a psicanálise), é perder alguém perdendo um pedaço de si. Dizemos:* "pequeno *pedaço de si" para marcar o valor fálico dessa libra de carne; o que não prejulga o tamanho que, de qualquer modo, conotará pequeno.*
>
> *Eis em oferenda de luto, um pequeno pedaço de si particularmente importante e notado. . . .*
>
> *O caso é exemplar: uma vez que um enlutado não pode subjetivar o acontecimento com o qual se depara num gracioso sacrifício de luto, como, no fim das contas, consegue D***, o personagem de Areu, o* monstro das nuvens, *o problema pode repercutir na geração seguinte . . .*[32]

Uma perda com valor fálico, um pequeno pedaço de si, irrestituível, uma oferenda, com a qual o sujeito possa subjetivar a perda que implica o luto. Experiência radical é como Butler toma o luto, pois com ela o sujeito se defronta com sua irredutível dependência do laço com o outro que o constitui:

> *Talvez um luto se elabore quando se aceita que vamos mudar em função da perda sofrida, provavelmente para sempre. Quiçá o luto tenha a ver com aceitar sofrer uma transformação (talvez devêssemos dizer* submeter-se *a uma transformação) cujo resultado não pode ser conhecido de antemão. Sabemos que há uma perda, porém também há um efeito de transformação da perda que não pode medir-se nem se planificar. . . . Algo se apodera de ti. De onde vem? Que sentido tem?*

---

32 Ibid., pp. 387-389, grifos no original.

> *O que se afirma nesses momentos em que não somos donos de nós mesmos? A que estamos sujeitos? O que nos tomou? Freud nos recorda que quando perdemos alguém nem sempre sabemos o que perdemos nessa pessoa. Assim, ao perder algo, enfrentamo-nos ao enigmático: algo se oculta na perda, algo se perde no mais recôndito da perda. Se o luto supõe saber que algo se perdeu (e, de certa maneira, a melancolia significa originalmente não saber), então o luto continuará em função de sua dimensão enigmática, em função da experiência de não-saber incitada por uma perda que não terminamos de compreender.*[33]

Propor a Flor que "deixasse para lá" a perda de seu filho significava lhe negar a condição de acontecimento à morte do filho. Como enfrentar a situação? O acontecimento marca um corte no tempo e "interrompe o fluxo natural das coisas".[34] A solução de Flor foi o emudecimento, condição que acompanha o traumático do vivido, como se lê em Freud e Benjamin.[35] O traumático, diz Rosa, é o que irrompe lançando o sujeito ao sem sentido: "desorganização subjetiva decorrente da emergência daquilo que está fora de sentido e da significação. O traumático não designa a qualidade de um acontecimento, mas a desestruturante incidência subjetiva daquilo que irrompe fora de uma trama de saber".[36]

---

33 Butler, 2009, pp. 47-48.

34 Žižek, S. (2017). *Acontecimento: uma viagem filosófica através de um conceito.*

35 Freud, S. (1980p). Introdução à psicanálise e às neuroses de guerra. In S. Freud, *Edição Standard Brasileira das Obras Completas de Sigmund Freud* (Vol. XVII). Imago. (Publicado originalmente em 1919); Benjamin, W. (1994c). *Experiência e pobreza* (S. P. Rouanet, Trad., 7ª ed.). Brasiliense. (Publicado originalmente em 1932-1933)

36 Rosa, M. D. (2002). Uma escuta psicanalítica de Vidas Secas. *Textura: Revista de Psicanálise*, (2), 1.

Flor mostrava suas inibições pelos sintomas, que condensavam obediência e desobediência ao ordenado e, com estes, não seguia a marcha como se nada tivesse acontecido.

Interpretação que também encontra apoio no que diz Rosa sobre os sintomas, a partir de Lacan, na analogia destes com a greve, "objeção ao desejo do mestre, desejo de que as coisas funcionem".[37] Flor não funciona como esperado, não consegue trabalhar e (des) cumpre a ordem da instituição pública de segurança, ela não conversa, não chora, obedece e fica em silêncio. Os sintomas revelam aquilo que deveriam ocultar. Assim, nesta obediência-desobediência, o sintoma revela sua relação com a demanda do Outro. Estas questões indagam o lugar do/para o luto. O que Flor enunciava é que tinha que silenciar a perda de seu filho, porque não encontrava lugar (público) para seu luto a não ser em seu corpo.

Ofélia, personagem de *Hamlet*, tragédia de Shakespeare - obra recorrentemente citada e analisada por Freud -, enlouquece com a morte do pai. Lacan toma esta obra como objeto de sua análise para suas formulações sobre o luto.[38] Mas também a ela recorre em *O seminário, livro 10, A angústia*, e neste faz referência à importância do espaço público para a elaboração do luto e aos efeitos do impedimento deste espaço:

> *Isso remete às crenças de sempre com respeito às consequências de certas formas de falecimento, quando as cerimônias fúnebres não podem ser plenamente*

37 Rosa, M. D. (2004, set.). A pesquisa psicanalítica dos fenômenos sociais e políticos: metodologia e fundamentação teórica. *Revista Mal-estar e Subjetividade*, *4*(2), 329-348. http://pepsic.bvsalud.org/scielo.php?script=sci_arttext&pid=S1518-61482004000200008.

38 Lacan, J. (1986). *Hamlet por Lacan* (C. Berliner, Trad.). Escuta; Liubliú. (Publicado originalmente em 1959).

> *realizadas. Nada se aplaca com a vingança clamada por Ofélia, no momento da revelação do que fora o pai para Hamlet, o pai, esse objeto negligenciado, desconhecido. Aí vemos operar às claras a identificação com o objeto que Freud nos aponta como sendo a mola mestra da função do luto. Essa é a definição implacável que Freud soube dar ao luto, a espécie de avesso que ele apontou das lágrimas dedicadas ao morto, esse fundo de censuras contido no fato de que, da realidade daquele que se perdeu, só se queira recordar o que ele deixou de pesares.*[39]

À medida que Flor avançava para a pergunta presente, não explicitamente, em todas as sessões, mas que só com a continuidade destas pôde ser formulada – "como chorar a morte do filho, dadas as circunstâncias da perda?" –, era possível observar que a tônica não recaía sobre a relação com o objeto de amor perdido, mas sobre as circunstâncias da perda.

A presença-ausência do objeto é o ponto de partida das análises de Freud em *Além do princípio do prazer*. No luto, o sujeito se depara com uma ausência, o que pressupõe uma presença anterior. Há uma analogia com o jogo do carretel, como jogo simbólico que possibilita a saída do tempo do traumático:

> *O primeiro exemplo do princípio do prazer a ser assim inibido é familiar e ocorre com regularidade. Sabemos que o princípio do prazer é próprio do método primário de funcionamento por parte do aparelho mental, mas que, do ponto de vista da autopreservação do*

39 Lacan, J. (2005). *O seminário, livro 10: a angústia (1962-1963)* (V. Ribeiro, Trad.; p. 46). Jorge Zahar Editor.

> *organismo entre as dificuldades do mundo externo, ele é, desde o início, ineficaz e até mesmo altamente perigoso. Este último princípio não abandona a intenção de fundamentalmente obter prazer; não obstante, exige e efetua o adiamento da satisfação, o abandono de uma série de possibilidades de obtê-la, e a tolerância temporária do desprazer como uma etapa no longo e indireto caminho para o prazer.*[40]

O jogo do carretel coloca em movimento a relação presença-ausência e, com isso, um trabalho de subjetivação, o que possibilita semelhança com o caminho do trabalho do luto. Presença-ausência, relação de separação, transfigurada pelo jogo do carretel. Reconhecimento da ausência do objeto – afirmação de que ele esteve presente – constitui o que Freud denomina "prova de realidade":

> *Em que consiste, portanto, o trabalho que o luto realiza? Não me parece forçado apresentá-lo da forma que se segue. O teste da realidade revelou que o objeto amado não existe mais, passando a exigir que toda a libido seja retirada de suas ligações com aquele objeto. Essa exigência provoca uma oposição compreensível – é fato notório que as pessoas nunca abandonam de bom grado uma posição libidinal, nem mesmo, na realidade, quando um substituto já se lhes acena. Essa oposição pode ser tão intensa, que dá a um desvio da realidade e a um apego ao objeto por intermédio de uma psicose alucinatória carregada de desejo. Normalmente,*

---

40 Freud, S. (1980c). Além do princípio do prazer. In S. Freud, *Edição Standard Brasileira das Obras Completas de Sigmund Freud* (Vol. XVIII, p. 20). Imago. (Publicado originalmente em 1920).

> *prevalece o respeito pela realidade, ainda que suas ordens não possam ser obedecidas de imediato. São executadas pouco a pouco, com grande dispêndio de energia catexial, prolongando-se psiquicamente, nesse meio tempo, a existência do objeto perdido. Cada uma das lembranças e expectativas isoladas, através das quais a libido está vinculada ao objeto, é evocada e hipercatexizada, e o desligamento da libido se realiza em relação a cada uma delas. Porque essa transigência, pela qual o domínio da realidade se faz fragmentariamente, deve ser tão extraordinariamente penosa, de forma alguma é coisa fácil de explicar em termos de economia. É notável que esse penoso desprazer seja aceito por nós como algo natural. Contudo, o fato é que quando trabalho do luto se conclui, o ego fica outra vez livre e desinibido.*[41]

Se a ausência é condição de reconhecimento da presença, a prova de realidade é produtora de uma marca dada pela palavra que acompanha o jogo do carretel, *fort-da*.[42] Questão que pode

---

41 Freud, [1915]1917/1980q, pp. 276-277.

42 O jogo do *fort-da* é apresentado por Freud (1920/1980c) no texto *Além do princípio do prazer.* Ele é tomado pelo conteúdo de repetição que Freud identifica nas brincadeiras infantis. A relação da criança com as brincadeiras é reviver ativamente no jogo o que na realidade foi vivido passivamente. Este é um caminho de elaboração da experiência desagradável: "Sem querer incluir todo o campo abrangido por esses fenômenos [da brincadeira infantil], pude, através de uma oportunidade fortuita que se me apresentou, lançar certa luz sobre a primeira brincadeira efetuada por um menininho de ano e meio de idade e inventada por ele próprio. Foi mais do que uma simples observação passageira, porque vivi sob o mesmo teto que a criança e seus pais durante algumas semanas, e foi algum tempo antes que descobri o significado da enigmática atividade que ele constantemente repetia . . . Esse bom menininho,

lançar luz sobre o silêncio de Flor, porque se no jogo do carretel há uma elaboração do que pode ter sido vivido como traumático, sem palavras para nomeá-lo, com as quais possa subjetivar o vivido e encontrar uma saída, o sujeito pode se fixar no tempo do vivido, o que pode lançá-lo à compulsão da repetição, funcionamento que ultrapassa o princípio do prazer.

Assim, no contexto deste trabalho, a palavra que circunda o real da ausência é associada aos ritos funerários, à lápide, ao obituário, formas de registros da ausência e afirmação da perda de um objeto de amor. Consideração e reconhecimento que não é natural e nem se dá fora das relações sociais:

> *Sua desumanização ocorre primeiro a este nível, de onde brota então uma violência física que em algum sentido é portadora da mensagem de desumanização*

---

contudo, tinha o hábito ocasional e perturbador de apanhar quaisquer objetos que pudesse agarrar e atirá-los longe para um canto, sob a cama, de maneira que procurar seus brinquedos e apanhá-los, quase sempre dava bom trabalho. Enquanto procedia assim, emitia um longo e arrastado 'o-o-o-ó', acompanhado por expressão de interesse e satisfação. Sua mãe e o autor do presente relato concordaram em achar que isso não constituía uma simples interjeição, mas representava a palavra alemã '*fort*' [ir, partir, esclarece o tradutor que significa 'ir embora']. Acabei por compreender que se tratava de um jogo e que o único uso que o menino fazia de seus brinquedos, era brincar de 'ir embora' com eles. Certo dia, fiz uma observação que confirmou meu ponto de vista. O menino tinha um carretel de madeira com um pedaço de cordão amarrado em volta dele. Nunca lhe ocorrera puxá-lo pelo chão atrás de si, por exemplo, e brincar com o carretel como se fosse um carro. O que ele fazia, era segurar o carretel pelo cordão e com muita perícia arremessá-lo por sobre a borda de sua caminha encortinada, de maneira que aquele desaparecia por entre as cortinas, ao mesmo tempo que o menino proferia seu expressivo 'o-o-o-ó'. Puxava então o carretel para fora da cama novamente, por meio do cordão, e saudava, o seu reaparecimento com um alegre '*da*' ('ali'). Essa, então, era a brincadeira completa: desaparecimento e retorno" (Freud, 1920/1980c, pp. 25-26).

> *que já está funcionando na cultura. . . . Se 200.000 crianças iraquianas foram assassinadas durante a Guerra do Golfo e suas sequelas, dispomos de alguma imagem, de algum marco pessoal ou coletivo para qualquer destas vidas? Há alguma história destas mortes nos meios de comunicação? Há algum nome associado a estas crianças? . . . Ainda que se pudesse argumentar que não seria prático escrever obituário para toda essa gente, ou para toda a gente, penso que temos que perguntar uma e outra vez como funciona o obituário como instrumento pelo qual se distribui publicamente o luto. Trata-se do meio pelo qual uma vida se converte – ou bem deixa de ser – uma vida para recordar com dor, um ícone de autorreconhecimento para a identidade nacional; o meio pelo qual uma vida chama a atenção. Assim, temos que considerar o obituário como um ato de construção da nação. Não é uma questão simples, porque se o fim de uma vida não produz dor, não se trata de uma vida, não se qualifica como vida e não tem nenhum valor. Constitui já o que não merece sepultura, se não o insepultável.*[43]

Sem receber palavras que possam circundar a perda sofrida e o espaço de compartilhar e contar sobre seu objeto de amor, sobre sua perda, o ordenamento público se torna impedimento e o sujeito é lançado a um espaço-tempo fora dos laços sociais. Neste lugar de impedimento, não há vivência a ser dita e experiência a ser compartilhada.

---

43 Butler, 2009, p. 61.

A narrativa é condição da experiência, observa Benjamin.[44] Ao mesmo tempo, a experiência é o que dá lugar para a memória, condição da lembrança, porque do que é presente não há o que lembrar. Assim, também a partir de uma perspectiva freudiana, o ordenamento de silêncio tem efeito de impedimento da lembrança. Recordar e elaborar o que insiste em se repetir é parte do trabalho de uma análise, diz Freud.[45]

A afirmação da ausência e o sobreinvestimento são elementos que são confrontados às circunstâncias que produzem o impedimento do luto. O que aqui é problematizado é a negação que parte do espaço público, determinada pelas circunstâncias que envolvem a morte. É a partir disso que me refiro a um luto impedido e afirmo que este impedimento é uma proibição social e política que tem efeitos sobre o lugar destinado ao objeto de amor e sobre o eu, pois pode ser na condição de identificação com o morto que o eu se ofereça como lugar. E esta é uma primeira resposta para a pergunta sobre a relação entre as circunstâncias da morte e o luto, sobre em que circunstâncias um luto pode ser impedido.[46]

Lacan descreve o angustiante que é a ausência de reconhecimento, o que produz a loucura, como no caso de Ofélia e em *O horla*, de Maupassant, exemplifica o autor.[47] É este objeto não es-

---

44 Benjamin, 1932-1933/1994c.

45 Freud, S. (1980y). A história do movimento psicanalítico. In S. Freud, *Edição Standard Brasileira das Obras Completas de Sigmund Freud* (Vol. XIV). Imago. (Trabalho original publicado em 1914).

46 Com o cuidado de não fugir de nosso objeto de investigação, podemos pensar nestes dois elementos também nos casos de suicídio, em que também há a proibição pública do luto. E aqui também pode ficar comprometido o reconhecimento de perda e de sobreinvestimento na lembrança, na medida em que o corpo do suicida pode permanecer como fantasma que aterroriza o enlutado.

47 Lacan, 2005.

pecularizável, não simbolizável, que faz Lacan dizer que a angústia tem objeto e é diante deste que ela é disparada:

> *Em termos fenomenológicos, parece evidente que a despersonalização começa pelo não-reconhecimento da imagem especular. . . . Se o que é visto no espelho é angustiante, é por não ser passível de ser proposto ao reconhecimento do Outro. . . .*
>
> *O sentimento de desapossamento, aliás, tem sido bastante marcado pelos clínicos na psicose. A especularização é estranha nele,* odd, *como dizem os ingleses, ímpar, fora de simetria. É* O Horla, *de Maupassant, o fora-do-espaço, na medida em que o espaço é a dimensão do superponível.*[48]

Este é o lugar do *unheimlich*, o que não é especularizável, e é neste lugar que se produz a angústia, diz Lacan, "Todos sabem como esse fenômeno é sensível na clínica, e com que frequência é ao não se encontrar no espelho, ou em qualquer coisa análoga, que o sujeito começa a ser tomado pela vacilação despersonalizante".[49]

Com Lacan, é possível considerar que o filho de Flor lhe era devolvido do lugar de estranho, fora-de-espaço. O fora-de-espaço se constitui em fora de lugar de semelhante. Era a esta condição que a instituição pública de segurança remetia Flor, pois a morte de seu filho (não) estava circunscrita pelas e nas relações socioinstitucionais.

Nesta relação, se, de um lado, Júnior não era reconhecido como semelhante, como objeto de amor perdido, de outro, sua ausência

---

48 Ibid., pp. 134-135.

49 Ibid., pp. 134-135.

não podia ser reconhecida, *contada*. O reconhecimento é o lugar do especularizável e este é o que aparece do familiar, o *Heim*. Esta é a condição de semelhante. O *unheimlich* não se especulariza, é o estranho, o sinistro, e o que não pode ser contado como ausência, mas como excesso de presença, aparecendo no lugar do familiar, no lugar de *Heim*. É nesta relação que ao não reconhecimento de Júnior como objeto de amor perdido associa-se sua imagem a um lugar análogo ao que é dado a um cachorro, o que lhe retira sua condição humana. Palavra de impacto que indica a condição de naturalização também no sentido do que é suposto como fora das relações sociais.

Ao real da morte, soma-se um real da negação do reconhecimento. Não há lei que recubra a perda de Flor, o que a faz indagar: em nome de que ou quem seu filho morreu? Sem isso ela vive fora-de-espaço-tempo compartilhado. Isto faz lembrar a queda de Flor ao receber a notícia da morte do Júnior, caiu de joelhos, também o filho, diz ela, "*estava ali atirado no chão...*".

Esta referência à queda também é feita em outros casos de perdas por violência. Assim, diz Sirley: "*Meu filho saiu, teria que ter voltado e não voltou. A gente ficou procurando por três dias. No primeiro foi como se eu já tivesse perdido uma parte de mim. Com a notícia da morte dele, três dias depois, a gente caía numa realidade em que não queria cair*".[50]

---

50 Trata-se de Sirley Muniz Paulino, mãe de Bruno Paulino, 20 anos, assassinado pela Polícia Militar na Chacina de Via Show, em dezembro de 2003. Nepomuceno, E. (2009, 19 ago.). Guerra civil 2 – Livro reúne depoimentos sofridos e agudos de familiares de vítimas de chacina no Rio de Janeiro. *Carta Capital*, *XV*(559), 28. Relato extraído de reportagem com familiares que perderam parentes, a maioria assassinada pela ação do Estado, pela polícia. Estes relatos compõem o livro *Auto de resistência*, publicado em 2009 pela Editora 7 Letras.

A referência à queda chama a atenção, uma queda para fora--do-espaço-tempo, que Lacan trabalha como o lugar do sinistro, do fantástico – lugar da solidão da loucura, no caso de Ofélia, ou da morte, no caso de *Antígona*. Mas esta queda pode também ser um tipo de superação de ilusões, como aponta Freud em relação à desilusão dos homens com a civilização. E Freud é enfático ao dizer que a ilusão resguarda de uma vida que necessita de ilusões.

O não reconhecimento pode ser pensado, com Butler, como tendo o efeito de produzir a irrealidade da perda. As palavras do policial apresentam uma realidade que desconsidera o texto da lei, realidade posta entre aspas, na qual vige outra lei, mas que é geopoliticamente distribuída. É isto que possibilita que uma autoridade policial diga, em uma instituição de segurança pública, que se "deve *deixar para lá, que nestes casos é melhor não mexer*". Mas, ao contrário do que a palavra do policial sugere, a morte de Júnior está regulada por relações sociais, relações de desigualdade. A palavra do policial não é aqui tomada como de caráter individual; longe de destoar do funcionamento institucional ou ser um fato isolado, ela se inscreve como discurso de um modo hegemônico de funcionamento social e institucional, mas que faz simulacro de campo simbólico.[51]

A tragédia de Antígona *e o direito à memória*

Em *Antígona*, obra de Sófocles,[52] a protagonista se levanta contra a proibição do sepultamento e do luto por seu irmão Polinices.

51 Rosa, M. D. (2016). *A clínica psicanalítica em face da dimensão sociopolítica do sofrimento*. Fapesp; Escuta.

52 Sófocles. (2003). *Antígona* (M. Fernandes, Trad.). Paz e Terra. (Publicado originalmente em 441 a.C.).

Proibição estabelecida por Creonte, rei de Tebas, e que passa a viger como lei da cidade. No caso de Flor, também o ordenamento faz simulacro de lei.[53]

No espaço-tempo clínico, as associações de Flor vão caminhar das circunstâncias nas quais Júnior aparece degradado como objeto para Júnior como filho e objeto de amor. Neste deslocamento, Flor *pode* dizer *quem era* seu filho. Lembrar de Júnior é possível na medida em que ele está ausente; ao mesmo tempo, é por sua narrativa que Flor pode reconhecer a ausência do filho, sua falta. A foto pode ser testemunho de uma presença-ausência de Júnior. Nesta dimensão, a clínica é espaço público e, em contraposição à condição desumanizada, a morte de Júnior pode ser recoberta por significantes da história de Flor, de sua família, mas também por ações que se relacionam com o campo mais amplo no qual a morte de Júnior se inscreve.

> *Em inibição, sintoma e angústia, Freud nos diz, ou parece dizer, que a angústia é a reação-sinal ante a perda de um objeto. E ele enumera: perda sofrida em bloco, quando do nascimento saído meio uterino; perda eventual da mãe, considerada como objeto; perda do pênis; perda do amor do objeto; perda do amor do supereu.*

53 O documentário de Luís Carlos Nascimento *Luto como mãe* traz à cena o caso das mortes de Acari, que levou à criação da Associação das Mães de Acari, mas também mostra que o caso de Acari não é isolado. O documentário trata, ainda, do assassinato de mães que agiram mais direta e abertamente na busca de informação sobre a morte de seus filhos. Isto afirma a questão que apontamos sobre o ordenamento de silêncio não ser apenas uma postura individual do policial e nem remetido somente ao plano simbólico, mas ordenamento com força concreta. Não se pode querer saber. Não se pode dizer. Não se pode exigir a aplicação da lei. O policial que falou com Flor não difere, e sim indifere do funcionamento institucional. Cf. Nascimento, L. C. (2009). *Luto como mãe*. Brasil. Documentário, 70 min.

> *Ora, que lhes disse eu. . . . Que a angústia não é sinal de uma falta, mas de algo que devemos conceber num nível duplicado, por ser a falta de apoio dada pela falta. . . . Não é, ao contrário do que se diz, o ritmo nem a alternância da presença-ausência da mãe. A prova disso é que a criança se compraz de renovar este jogo de presença-ausência. A possibilidade da ausência, eis a segurança da presença.*[54]

O luto é a reação à perda de um objeto de amor, objeto de amor e que faz falta, condição que é dada pelo reconhecimento de familiar, também no sentido de semelhante. No caso de Flor, o não reconhecimento que partia do espaço público punha seu filho, morto, fora de lugar; não especularizável, não simbolizável. Neste aspecto, não havia ausência possível:

> *Eu lhes disse, em síntese, que não existe falta no real, que a falta só é apreensível por intermédio do simbólico. É no nível da biblioteca que se pode dizer: Aqui está faltando o volume tal em seu lugar. Esse lugar é um lugar apontado pela introdução prévia do simbólico no real. Por isso, a falta de que falo aqui pode ser facilmente preenchida pelo simbólico; ela designa o lugar, designa a ausência, presentifica o que não está presente.*[55]

As circunstâncias em que Flor perdeu seu filho colocam particularidades para o seu trabalho de luto. As hipóteses levaram a dirigir a atenção para os elementos que compõem estas circunstâncias, porque a elas se articula um impedimento que parte do

54 Lacan, 2005, p. 64.
55 Ibid., p. 147.

espaço público do reconhecimento da perda, impedimento que é uma proibição pública da palavra e da memória. E a memória, que implica encontrar um lugar para o objeto de amor que falta, advém com o luto, ao mesmo tempo que o possibilita.

Assim, seguindo Freud e Lacan, para o luto é necessário reconhecimento, pois é ele que estabelece o pertencimento à condição de semelhante, o que tem como desdobramento a morte como ausência, reconhecida como falta, porque, do contrário, é como coisa, lugar do sinistro, que o corpo se presentifica; e, neste âmbito, não há memória e o luto não encontra lugar. A dor da perda é elemento de identificação, o que produz laço.

Com estas questões, *Antígona*, obra da literatura, possibilita mais uma volta no problema que, a partir do luto das mães, revela o lugar da morte de jovens nas periferias das cidades.

Em *Antígona*, a condição de insepulto, de corpo presente que não pode ser recoberto, é o que move a tragédia sofocliana. Polinices, considerado traidor, não pode ser sepultado. Creonte, rei de Tebas, baixa um édito que proíbe o luto por Polinices:

> *CREONTE a CORIFEU: . . . Polinices – que voltou do exílio jurando destruir a ferro e fogo a terra onde nascera – e conduziu seu próprio povo à escravidão, esse ficará como os que lutavam a seu lado – cara ao sol, sem sepultura. Ninguém poderá enterrá-lo, velar-lhe o corpo, chorar por ele, prestar-lhe enfim qualquer atenção póstuma. Que fique exposto à voracidade dos cães e dos abutres, se é que esses quererão se alimentar em sua carcaça odienta.*[56]

56 Sófocles, 2003, p. 14.

O ordenamento de Creonte constitui o trágico a que Antígona é lançada, desencadeado não pela perda de Polinices, mas pela segunda morte que sobre ele recai. Esta segunda morte é a morte no simbólico, impedimento de ausência, de falta; impedimento da lembrança e de memória, e pode ser contado, afirmando a existência que teve. E é contra esta segunda morte de Polinices que Antígona luta:

> *ANTÍGONA – Um e outro, os dois, ambos – nossos irmãos morreram nessa guerra sem fim que travamos contra Argos, por umas miseráveis escavações de argila e cobre. Polinices, quase menino, acreditava em Argos e morreu por ela. Etéocles, ainda mais jovem, lutou até o fim, defendendo do próprio irmão a última porta de Tebas. Separados na vida, não poderão se reencontrar sob o manto da terra. Para Etéocles, que morreu nobremente pela pátria e pelo direito, Creonte ordenou pompas de herói, respeito total e detalhado a todos os ritos e costumes. Mas o corpo do desgraçado Polinices, o traidor, não terá sepultura.*
>
> *Vieram me dizer – o edital do rei proclama que ninguém poderá enterrá-lo, nem sequer lamentá-lo, para que, sem luto ou sepultura, seja banquete fácil dos abutres. Esse é o edital que o bom Creonte preparou para ti e para mim – para mim, sim! – e que virá aqui comunicar mais claramente aos que pretendem não tê-lo entendido. Sua decisão é fria, e ameaça quem a desrespeitar com a lapidação, morte e pedradas. Agora sabes tudo. Logo poderás demonstrar se és nobre ou se és apenas filha degenerada de uma raça nobre.*
>
> *ANTÍGONA – Procuro teu auxílio para enterrar um morto.*

> *SMÊNIA – O morto que Tebas renegou?*
>
> *ANTÍGONA – O morto que se revoltou.*
>
> *SMÊNIA – Você tem a audácia de enfrentar o edital de Creonte e a ira do povo?*
>
> *ANTÍGONA – Nenhum dos dois é mais forte do que o respeito a um costume sagrado. Enterro meu irmão, que é também o teu. Farei a minha e a tua parte se tu te recusares. Poderão me matar, mas não dizer que eu o traí.*[57]

Antígona é tomada como mediação para as reflexões sobre o processo do luto, tanto pela semelhança da condição de insepulto que impede o luto como pelo silêncio imposto a Flor que, metaforicamente, a assemelha à condenação de ser emparedada viva como Antígona. É esta condenação que faz Antígona dizer que não tem lugar entre os vivos nem entre os mortos, o que a põe fora dos laços compartilhados, sem amigos:

> Sejam ao menos testemunhas de que um dia, sem um amigo para chorar o meu destino e pela força de leis que desconheço, penetrei viva numa tumba no coração da montanha, sepultura espantosa. *Ai de mim, que não tenho lugar na vida nem na morte, ai de mim, sem lar entre os vivos, estrangeira entre os mortos.*[58]

Antígona pede testemunhas, que alguém possa dar testemunho de como perdeu a vida, testemunho de sua morte. Em *O seminário, livro 7, A ética*, Lacan dedica três capítulos à tragédia de *Antígona*; em um deles, intitulado "Antígona no entre-duas-mortes", o autor

---

57 Ibid., pp. 6-8.

58 Ibid., p. 46, grifos meus.

localiza o lugar em que se situa Antígona. E este lugar *no entre duas mortes*, como visualiza Lacan, marca um momento de uma morte no simbólico anterior à morte física, em que a morte invade a vida:

> *A partir do momento em que ela transpõe a entrada da zona entre a vida e a morte, onde o que ela já tinha dito ser toma forma do lado de fora. Com efeito, há muito tempo que ela nos dissera que já estava no reino dos mortos, mas desta vez a coisa é consagrada no fato. Seu suplício vai consistir em ser trancada, suspensa, na zona entre a vida e a morte. Sem estar ainda morta, ela já está riscada do mundo dos vivos. E é somente a partir daí que se desenvolve sua queixa, ou seja, a lamentação da vida.*[59]

Este lugar entre duas mortes traz à mente a queda da qual fala Flor e Sirley, como um cair para fora dos espaços-tempos compartilhados; lugar de deserto, da morte seca, sem amigos para chorar a morte sofrida, escutar seu lamento e, com o outro, tecer palavras que possam recobrir a perda.

A queda pode apontar o fora-de-espaço, o que, nas palavras de Lacan, é o fora de lugar de identificação. Neste, não é como semelhante que o sujeito se reconhece, quebra-se o espelho, dimensão especular das relações ao qual o simbólico se entrelaça e limita.

Ao cotejar o caso Flor com *Antígona*, é possível vislumbrar onde Flor se detém. Flor, semelhante à tragédia de Antígona, recebe ordenamento de que não há luto a ser feito.

---

59 Lacan, J. (1997). *O seminário, livro 7: a ética da psicanálise (1959-1960)* (A. Quinet, Trad.; p. 339). Jorge Zahar Editor.

Antígona, respondendo a um princípio que atribui aos deuses e a sua filiação, desprende-se do (não) reconhecimento de Creonte e se autoriza em seu ato. Qual a diferença entre reconhecimento e autorização na busca por uma via possível para o luto em situações em que o espaço público nega reconhecimento de perda à morte?

Antígona desobedece, duvida e lança questionamentos sobre a verdade da palavra da autoridade pública. O que Antígona diz é que a lei de Creonte é a lei de um homem e que vale naquele tempo, mas que há um tempo anterior e posterior ao tempo da lei erigida por ele. E Antígona não se detém nela.

Referência que remete à historicização e à autorização, como diz Rosa, marcada por referência a uma Lei que não está na pessoa da autoridade, tampouco é própria do indivíduo como independente de laços e sem história:

> *Encontra-se a autorização na função do semelhante, que situa o objeto perdido em uma condição de um real compartilhado em relação ao qual cada um pode dar seu testemunho singular.*
>
> *Este é o caminho do trabalho com os pais, na medida em que possibilita "a passagem da versão singular do código (sintoma) até a autorização do singular na ordem fálica onde o eu pode dispensar o desdobramento no suporte especular produzindo-se como lugar enunciativo". É como desejantes e implicados, como representantes do saber sobre a castração e a Lei, que os pais podem assegurar a constituição subjetiva de seus filhos e garantir a eficácia da transmissão dos significantes fundamentais da filiação e da sexualidade, uma vez que, de fato, não foram construídos dispositivos*

> *substitutivos eficazes na presente cultura para substituir a família em sua função.*[60]

Se a referência de Rosa é Lacan, também em Freud, no mito da horda *primeva*, o assassinato do pai que gozava de todo o poder e direito sobre os filhos e as mulheres constitui o referente sobre o qual se reúnem os irmãos e com o qual podem formar uma comunidade.[61] E esta é referida como aquela em que ninguém pode ocupar o lugar de domínio e autonomia que enuncia a verdade sobre os demais:

> *Ou seja, a função paterna autoriza os pais a enunciarem com palavras de certeza os enunciados do grupo social, mas não a sua identificação ao pai imaginário, pois é do luto do pai ideal que é possibilitado o saber ao filho, do filho enquanto sujeito. Esta questão exige dos pais que indaguem sobre que pai sou, questão que passa pelo pai que tiveram e que falhou na imagem de pai ideal, de mestre que detém o saber. O efeito da construção do lugar paterno, lugar de não-saber sobre o gozo do pai que goza de outro que não o filho, é o sintoma e organiza o lugar do sujeito.*[62]

É com base nestas formulações sobre uma referência que não na autoridade que detém a verdade que se pode apontar um para além do reconhecimento. A autoridade, diz Rosa, só tem lugar de

---

60 Rosa, M. D. (2001). *O ato psicanalítico na clínica com crianças. Literal, 4*, 115.

61 Freud, S. (1980ad). Totem e tabu. In S. Freud, *Edição Standard Brasileira das Obras Completas de Sigmund Freud* (Vol. XIII). Imago. (Publicado originalmente em [1912-1913]1913).

62 Rosa, op. cit., p. 148.

um enunciado mesmo, não de verdade sobre o outro. E o saber sobre a castração paterna movimenta o sujeito em direção a assumir o risco implicado em seu desejo:

> *Só pergunta o que fazer aquele cujo desejo está apagado, comenta Lacan. Desta forma, o trabalho supõe a implicação dos pais com o sintoma, sintoma que mantém o Eu no gozo de não saber sobre o desejo que o anima, que o mantém na inocência e no desejo de que saibam por ele. Tais pais demandam um pai imaginário, um mestre que lhes diga o que fazer. Cabe ao psicanalista lembrar que não há Outro do Outro e, como enfatiza Lacan, que é como impostor que se apresenta o legislador que pretende supri-lo. Todo enunciado de autoridade não tem mais garantia que sua enunciação mesma.*[63]

Quando Antígona evoca outra referência de lei como sustentação para seu ato, não é segundo uma lei autorreferida, fora dos laços sociais, que a heroína age, o que pressuporia a autonomia, a independência de laços, o fazer-se por si mesma, que levaria à mesma posição de Creonte. Ao contrário, ela evoca a lei dos deuses e da tradição que transmite e rege um pacto e que confere um lugar para os mortos.

A obra de Sófocles possibilita indagar o lugar do luto que não seja apenas o que se estabelece em relação com o reconhecimento da autoridade, mas que se relaciona com uma autorização de se movimentar pelo desejo que constitui e habita a cada um em referência a uma falta; nesta dimensão, falta paterna, no sentido de que é sustentado pelo saber sobre a castração do pai que o sujeito

63 Ibid., p. 147.

se faz pertencente a uma comunidade. Esta é ao mesmo tempo a dimensão ética, porque nela não há garantia, como diz Rosa. Nesta relação entre ética e desejo, Lacan afirma que se situa a pergunta: "Agiste conforme o desejo que te habita?".[64] É em nome de seu desejo que Antígona se movimenta: "É aquela, diz ele [o Coro], que, por seu desejo, viola os limites da *Até*".[65]

Aqui interessa indagar que espaço há para o luto, para além de uma relação de reconhecimento que depende da autoridade, sem com isso cair em uma concepção de relação pendular indivíduo-sociedade, a qual leva à noção de autonomia ou de submissão ao discurso dominante, o que, como diz Rosa, "apaga a força discursiva dos que estão submetidos".[66]

Nesta linha, a partir do que diz Rosa e do que está em *Totem e tabu*, há um luto que é condição da autorização, o luto do pai imaginário. Condição em que os filhos podem reconhecer a falta do pai e se saberem faltantes e desejantes, construção de um laço social que não se paute na relação pendular de poder e submissão, mas em que haja lugar para a alteridade, para a diferença.[67] As análises de Freud falam da identificação entre os irmãos como constituinte da civilização. E a identificação se estabelece pelo objeto perdido. O luto é uma experiência que se faz em laço e possibilita laços compartilhados.

Assumir o lugar de saber sobre o outro é uma posição de impostor, adverte Rosa.[68] Nesta medida, o sujeito tem que aceitar correr o risco de seu próprio saber. Este lugar de certeza e saber

64 Lacan, 1997, p. 376.

65 Ibid., p. 335.

66 Rosa, 2016, p. 25.

67 Ibid.

68 Id., 2001.

sobre o outro é a impostura que subsume relações de mando e opressão e impede indagações, determinando silenciamentos.

No caso Flor, as indagações podiam levá-la a um saber sobre sua falta. Mas não é a esta falta que a autoridade policial remete Flor, pelo contrário, seu enunciado obtura este saber e, junto com ele, o de que a morte de Júnior não se deu pelo irredutível da morte. E é neste lugar que Flor se detém: "em nome de quem seu filho foi morto?". O que Flor "sabe" é que a morte de seu filho poderia ter sido evitada, porém, numa posição de obediência ao "saber" policial, diz que "não sabia que o filho era criminoso". Mas isto ela continuava sem saber, porque não houve averiguação, e a afirmação que lhe foi feita era anterior a qualquer averiguação.

O saber de Flor sobre seu filho tinha valor de autoridade para ela. Flor podia contar muitas histórias dela e de seu filho. A isto também se soma que, se as averiguações confirmassem o envolvimento criminoso de Júnior, isto não o retiraria dos laços sociais, portanto, não desautorizava seu luto.

Nesta análise, as circunstâncias não fazem biombo para a morte como perda. A vida de Júnior foi perdida. E as circunstâncias da morte de Júnior incluem sua posição social e étnico-racial, em uma sociedade com um passado histórico de escravização. Júnior estava incluído nos laços sociais, nos quais a vida e a morte obedecem a uma distribuição geopolítica.

Com estas questões, é possível interpretar a narrativa de Flor sobre os acontecimentos que antecederam a morte do filho. Movida pela identificação com a palavra do policial, é como se ela revelasse sua falta como mãe. Flor estava ausente de casa, trabalhando, quando o filho morreu, faltando, assim, como mãe – e essa ideia a faz se identificar com a palavra do policial que a silencia. Saber sobre a morte do filho como falta tira-a da completude que a põe morta em vida, como Antígona, sem lugar entre os vivos e os mortos. É esta morte sem lugar (de perda) que também não pode ser chorada.

O lugar da escuta e de onde partiam as interpretações afirmava uma posição de testemunha de que a morte de seu filho era uma vida perdida. É o que pede Antígona: testemunha, lugar de amigo. Flor podia mostrar a foto de sua família, de Júnior e, com ela, a falta que Júnior lhe fazia; ela podia chorar a falta de seu filho. Uma morte faz falta. Aí começa o luto.

Flor não é mais a mesma, assim como Amarílis diz que, com a morte da filha, ela não é a mesma da semana anterior. Para Freud, o sujeito sofre uma transformação ao reconhecer a perda, e nesta transformação está implicado um saber não apenas sobre a perda do objeto, mas sobre si, sobre o que perdeu em si.

Perguntar-se sobre qual era sua falta com a morte do filho possibilitava a Flor se separar das certezas dadas pelo policial, as quais diziam quem era o filho e, nesta medida, quem era ela. Certeza que tinha duplo efeito, porque punha Flor no lugar de culpada pela morte do filho e ao filho também. Era nesta medida que o silêncio de Flor se constitui em um analisador da injunção institucional que, ao instituir uma lei própria, colocava Júnior fora de lugar humano:

> *O fato de que foi o homem que inventou a sepultura é discretamente evocado de passagem. Não se trata de acabar com quem é homem como se faz com um cão. Não se pode acabar com seus restos esquecendo que o registro do ser daquele que pôde ser situado por um nome deve ser preservado pelo ato dos funerais.*
>
> *Todo tipo de coisa é, certamente, acrescentado a isso. Em torno vêm-se acumular todas as nuvens do imaginário, e todas as influências que se depreendem dos*

> *fantasmas que se multiplicam nos arredores da morte. Mas o fundo aparece, justamente, na medida em que os funerais são recusados a Polinices. Por ele ser entregue aos cães e aos pássaros, e ir terminar seu aparecimento na terra e no céu, vê-se bem que Antígona representa por sua posição esse limite radical que, para além de todos os conteúdos, de tudo o que Polinices pôde fazer de bem e de mal, de tudo o que lhe pôde ser infligido, mantém o valor de seu ser.*
>
> *Esse valor é essencialmente de linguagem. Fora da linguagem, ela nem mesmo poderia ser concebida, e o ser daquele que viveu não poderia ser assim destacado de tudo o que ele veiculou como bem e como mal, como destino, como consequência para os outros, e como sentimentos para si mesmo. Essa pureza, essa separação do ser de todas as características do drama histórico que ele atravessou, é justamente esse o limite, o* ex nihilo *em torno do qual Antígona se mantém. Nada mais é do que o corte que a própria presença da linguagem instaura na vida do homem.*
>
> *Esse corte é manifesto a todo instante pelo seguinte, a linguagem escande tudo o que ocorre no movimento da vida.*[69]

É assim que o poeta nos diz que uma vida e sua morte precisam ser testemunhadas, é necessário que alguém possa contá-las, condição para que a vida não desapareça sem deixar marca ou registro. Antígona, Flor, Sirley pedem testemunho de suas lutas e com elas tecem seus lutos.

---

69 Lacan, 1997, p. 338.

O lugar da clínica pode, então, ser pensado numa dimensão de testemunho. Júnior era um homem. E sua vida precisa ser contada para ascender à ordem da cultura, para que não desapareça sem marcas nem registro.

4. Lugar do luto impedido: "no entre duas mortes"

Seguindo com as análises, o impedimento é tomado em sua dimensão de silêncio, no que condensa proibição e não movimento, o que leva a identificar uma questão temporal nele implicada.

Se nos capítulos anteriores o lugar da morte e suas consequências para o luto assumiram destaque, aqui será acrescida a dimensão do tempo e, nesta articulação, a busca por diferenciar o lugar para o luto em contraposição ao lugar entre duas mortes; lugar, segundo Lacan, ocupado por Antígona a partir da condenação que sofre por desobedecer a lei erigida pelo rei.

Um dos aspectos que ocupa importante dimensão como interrogador da experiência do luto em situação de violência, no quadro específico aqui abordado, são os sintomas de Flor.

O silêncio ordenado a Flor condensa impedimento como resistência, no sentido político, assim como *um pedido* de lugar para seu luto que não no seu corpo, pois, emudecida, se transformava em cripta, segundo expressão de Abraham e Torok.[1]

---

1 Abraham, N., & Torok, M. (1995). *A casca e o núcleo* (M. J. R. F. Coracinil, Trad.). Escuta.

O silêncio como sintoma indica sua relação com o ordenamento policial, em que Flor se detinha e era detida, mandado de prisão que a declarava culpada pela morte do filho e a condenava ao espaço-tempo: *no entre duas mortes*. Qual era a culpa imputada a Flor e com a qual ela se identificava? Ordem social naturalizada, ser tratado como culpado e receber acusações, o que guarda relação com o que diz Benjamin sobre a exceção como regra do que sofrem os oprimidos.[2]

Mas a obediência com que Flor reagia mostra sua face oposta, denunciando o ordenamento que a detinha *no entre duas mortes*.

A noção de uma detenção que estava no silêncio de Flor revela uma dimensão temporal, pois *o entre duas mortes*, como diz Lacan, é um lugar fora do espaço-tempo compartilhado, sem amigos, sem memória e sem futuro, o que coloca um eterno presente. Nele a morte já está antecipada na vida, há um tempo que deixa de ser tempo de vida e cristaliza o sujeito na imagem do instante da morte.[3] Mas, se o ser do tempo é o movimento,[‡] como é possível falar em um tempo impedido, tempo sem movimento?

Assim, ao impedimento de saber, abordado anteriormente, sobrepõe-se um tempo impedido. Se na melancolia há uma fixação que se relaciona com o não saber sobre o *que* se perdeu com o objeto, há um tempo que entra em suspensão e, assim, não passa e não se constitui em passado. Não é do lugar da memória, da lembrança e da recordação que o objeto está para o melancólico, mecanismo que também possibilita articular com o que comparece como *unheimlich*, que se constitui em excesso de presença.

---

2 Benjamin, 1940/1994d, p. 226: "A tradição dos oprimidos nos ensina que o 'estado de exceção' em que vivemos é na verdade a regra geral".

3 Abraham & Torok, op. cit.

É neste tempo sem movimento que se produz o sinistro. Na interpretação que faz da obra de Hoffmann, Freud indaga sobre o que produz o sentimento de estranheza nas obras fantásticas. E responde que o sinistro é algo que, devendo permanecer oculto, secreto, manifestou-se.[4]

Em *O homem da areia*, o que apavora a criança, posteriormente jovem estudante, é o mesmo objeto: os olhos. E este não é qualquer objeto, Édipo fura os olhos em sua resposta ao saber sobre o incesto praticado; objeto de vigilância e ordenação que atua no sujeito, emblemático da instância superegoica. Diferentemente do jogo do carretel, em que o objeto se ausenta, os olhos (re)aparecem como símbolo de vigilância, num tempo sem intervalo, e esta presença aterroriza. É neste lugar que o objeto perdido, ou o que se perde com ele – algo como os olhos –, espreita o melancólico e impossibilita o descanso.

No caso de Flor, não há amigos para chorar com ela a morte do filho. Neste tempo-lugar, ela está fora do tempo dos laços compartilhados. Nestas situações, afirmam Abraham e Torok, é preciso engolir o choro, o que sufoca, emudece.

E o silêncio pode ser revelado como prisão do tempo, sem movimento, oposto a um tempo de associar livremente que, no trabalho de decifração, produz cortes e (re)lança ao movimento. Assim, o silêncio, como tempo-lugar em que não há movimento, revela-se uma das dimensões de impedimento. A associação livre, como livre dizer, livre expressar e poder questionar, remete ao livre associar-se.[5] E o trabalho do luto tem efeito para o engajamento do sujeito

---

4 Freud, S. (1980u). O Estranho. In S. Freud, *Edição Standard Brasileira das Obras Completas de Sigmund Freud* (Vol. XVII, p. 301). Imago. (Publicado originalmente em 1919).

5 Referência feita por Manoel Tosta Berlinck.

nos laços. Lembremos que, para Freud, a possibilidade de formar grupo está no investimento libidinal; é com amor, diz o autor, que se tecem os laços que operam no grupo, os laços com os outros.

Se o impedimento é do saber e do movimento, condensados no silêncio, no qual o tempo é sempre presente, uma possibilidade para sair do impedimento é pela introdução do tempo como passagem; o que introduz o passado e, com ele, a possibilidade da memória; processo que acompanha o movimento libidinal que vai do investimento no objeto na realidade exterior ao sobreinvestimento objetal na fantasia e daí para a possibilidade de engajar-se libidinalmente nos laços compartilhados.

Também Hamlet, pela loucura, vive fora de tempo-lugar do laço compartilhado. Lacan marca este fora de tempo em que Hamlet se situa como o que impede a realização do ato primordial do herói: vingar a morte do pai, assassinando o tio.

Em *Hamlet*, a loucura do protagonista é forma de enfrentamento ao desesperador do saber revelado pelo fantasma paterno: que o pai foi assassinado. Mas Hamlet silencia este saber, e neste silêncio é corroído pela dúvida. Hamlet perturba a harmonia esperada pelo tio após obter a coroa e se casar com a cunhada, mãe de Hamlet. O que leva o tio, agora rei, a planejar o assassinato de Hamlet:

> *REI – E diz adeus a Hamlet.*
>
> *P'ra Inglaterra ele vai, mas não retorna.*
>
> *Ao rei inglês as cartas solicitam*
>
> *Que, ao abri-las, em mostra de aliança,*
>
> *(Ele, no ato, sem indagar por que)*
>
> *Determine a degolação de Hamlet.*

Só mesmo um olho incauto o julga absorto;
O reino só está livre co' ele morto.[6]

É pelo *unheimlich* que o saber de Hamlet se revela, no presente, como fantasma; o pai se manifesta, tirando o véu do que deveria ficar oculto. E o que aterroriza nesta revelação de saber, que se assemelha ao desamparo da loucura e da morte?

Freud nos diz que é necessário um *a posteriori*[§] como condição de elaboração para o acontecimento que ultrapassou os recursos de simbolização e se constituiu em traumático; este é o tempo da compulsão à repetição, no qual o tempo não conta como passagem, como movimento. Assim, no tempo *unheimlich* o sujeito está como prisioneiro que não encontra o tempo da ação, a qual pode produzir ruptura e com esta se movimentar para fora do mesmo, da mesmidade, monotonia temporal.

E Lacan interpreta que Hamlet está sempre adiantado ou atrasado, fora de seu tempo, sempre determinado pelo tempo do Outro. É neste movimento que sua ação primordial é adiada e surge apenas em irrupções:

> *O encontro [para Hamlet] é sempre demasiadamente cedo para ele, e ele o retarda. Assim, pois, para Hamlet o encontro acontece muito cedo, de modo que o atrasa. Esse elemento da procrastinação não pode de nenhuma maneira . . . ser descartada, a procrastinação permanece uma das dimensões essenciais da tragédia de* Hamlet.

6 Shakespeare, W. (2010). *O primeiro Hamlet - in-quarto de 1603* (J. R. O'Shea, Trad.; pp. 146-147). Hedra. (Publicado originalmente em 1603).

> *Quando ele age, em contraposição, é sempre com precipitação. Ele age quando repentinamente, parece que uma ocasião se oferece, quando não sei qual apelo do acontecimento além dele mesmo, de sua resolução, de sua decisão, parece oferecer-lhe não sei qual abertura ambígua . . .*
>
> *Nada é mais claro do que este momento em que ele se precipita sobre esta coisa que se mexe atrás da tapeçaria em que ele mata Polônio.*[7]

Em Antígona é a história, o tempo passado e o futuro, que ela reivindica, e, a partir dessa posição, lança questionamentos sobre uma lei que vige no tempo presente e sustenta seu ato.

Narrativa e tempo

A referência ao tempo em movimento que produz rupturas, com as quais se faz o novo, é questão central para Walter Benjamin.[8] A condição do passado, do tempo como passagem, está articulada por este autor à palavra, palavra que é narrativa, que é transmissão de enigma que constitui experiência. A narrativa se diferencia da palavra vazia da informação. Diante da massa de informação que se recebe cotidianamente, a relação é de passividade, não há nada a dizer e decifrar. A informação é completa e plena de sentido e se explica por si mesma. A narrativa, pelo contrário, é enigmática, se

7 Lacan. J. (2002). *O seminário, livro 6: o desejo e sua interpretação (1958-1959)* (p. 341). Publicação não comercial. Circulação interna da Associação Psicanalítica de Porto Alegre.

8 Benjamin, W. (1994a). *O narrador. Considerações sobre a obra de Nikolai Leskov* (S. P. Rouanet, Trad.; 7ª ed.). Brasiliense. (Publicado originalmente em 1936).

abre para o indeterminado que coloca em cena um futuro que resgata o passado, não para repeti-lo, mas para decifrar a história que ele transmite – num tempo que não é linear, mas que que produz corte e saltos históricos.

Uma sequência temporal, linear e homogênea, está no fundamento daqueles que pensam o futuro como progresso.[9] Nesta medida, o passado é índice de limite e atraso, dos quais o progresso liberta os homens. A reprodutibilidade técnica provê os homens médios contemporâneos de objetos e, junto com eles, se elide a história, porque deles não há o que testemunhar:

> *A autenticidade de uma coisa é a quintessência de tudo o que foi transmitido pela tradição, a partir de sua origem, desde sua duração material até o seu testemunho histórico. Como este depende da materialidade da obra, quando ela se esquiva do homem através da reprodução, também o testemunho se perde. Sem dúvida, (não) só esse testemunho desaparece, mas o que desaparece com ele é a autoridade da coisa, seu peso tradicional.*[10]

Em *Sobre o conceito da história*, Benjamin marca a diferença entre a concepção de história do materialismo histórico e a concepção de história dos "historicistas".[11] Para estes últimos, a história é uma sequência de fatos num tempo homogêneo, marcado apenas pelos relógios, por isso se torna vazia de "agoras", de

9 Benjamin, 1940/1994d.

10 Benjamin, W. (1994b). *A obra de arte na era de sua reprodutibilidade técnica* (primeira versão). (S. P. Rouanet, Trad.; 7ª ed., p. 168). Brasiliense. (Publicado originalmente em 1936).

11 Id., 1940/1994d.

acontecimentos que fazem rupturas com o tempo sequencial dos relógios. São estes acontecimentos, que se constituem em lampejos de "agoras" do passado no presente, que podem ser narrados, transmitidos como experiência, como se pode ler na tese seis:

> *Articular historicamente o passado não significa conhecê-lo "como ele de fato foi". Significa apropriar-se de uma reminiscência, tal como ela relampeja no momento de um perigo. Cabe ao materialismo histórico fixar uma imagem do passado, como ela se apresenta, no momento do perigo, ao sujeito histórico, sem que ele tenha consciência disso. O perigo ameaça tanto a existência da tradição como os que a recebem. Para ambos, o perigo é o mesmo: entregar-se às classes dominantes, como seu instrumento. Em cada época, é preciso arrancar a tradição do conformismo, que quer apoderar-se dela. Pois o Messias não vem apenas como salvador; ele vem também como o vencedor do Anticristo. O dom de despertar no passado as centelhas é privilégio exclusivo do historiador convencido de que também os mortos não estarão em segurança se o inimigo vencer. E esse inimigo não tem cessado de vencer.*[12]

Nessa linha de raciocínio, não se trata de reunir massas de fatos que homogeneízam o passado e absolutizam a história dos vencedores num mecanismo de descrição e informação, mas de se apropriar do tempo como acontecimento que, ao se ligar ao presente, lança suas centelhas:

---

12 Ibid., pp. 224-225.

> *O historicismo culmina legitimamente na história universal. Em seu método, a historiografia materialista se distancia dela talvez mais radicalmente que de qualquer outra. A história universal não tem qualquer armação teórica. Seu procedimento é aditivo. Ela utiliza a massa de fatos, para com eles preencher o tempo homogêneo e vazio. Ao contrário, a historiografia marxista tem em sua base um princípio construtivo. Pensar não inclui apenas movimento das ideias, mas também sua imobilização. Quando o pensamento pára, bruscamente, numa configuração saturada de tensões, ele lhes comunica um choque, através do qual essa configuração se cristaliza enquanto mônada. Nessa estrutura, ele reconhece o sinal de uma imobilização messiânica dos acontecimentos, ou, dito de outro modo, de uma oportunidade revolucionária de lutar por um passado oprimido. Ele aproveita essa oportunidade para extrair uma época determinada do curso homogêneo da história; do mesmo modo, ele extrai da época uma vida determinada e, da obra composta durante essa vida, uma obra determinada. Seu método resulta em que na obra o conjunto da obra, no conjunto da época a totalidade do processo histórico são preservados e transcendidos. O fruto nutritivo do que é compreendido historicamente contém em seu interior o tempo, como sementes preciosas, mas insípidas.*[13]

As teses sobre o conceito de história de Benjamin se somam como ferramentas teóricas para a análise das questões aqui apresentadas e possibilitam articular o particular e o universal, que

13 Ibid., p. 231.

pode ser um caso clínico, o território ou outra particularidade que carrega elementos do universal. O particular faz cortes no tempo e possibilita que o universal se enriqueça de *agoras* diferente de um todo vazio de acontecimentos dissonantes.

No segundo capítulo, a noção de passado histórico benjaminiano*** foi tomada para lançar luz sobre o território, como lugar social e político. Aqui, é retomada como abertura para encontrar espaço-tempo de ação que arranca a experiência do conformismo, rompendo qualquer "empatia" com os dominadores. Movimento que é realizado com experiências, as quais possibilitam que o tempo presente seja invadido, relampejado, por "agoras" do passado. Esta é uma das maneiras de se estabelecer relação com o passado e, nesta relação, a luta do presente liberta também o passado e seus mortos.

Se o silêncio foi tratado como impedimento, aqui ele pode ser associado a uma experiência desmoralizada, como aborda Benjamin,[14] que impede a narrativa e o passado. E não é por acaso que Benjamin fala da pobreza da experiência em texto de título similar e em *O narrador*, porque para ele é pela narrativa, pelo testemunho, que a experiência se transmite:

> *Não, está claro que as ações da experiência estão em baixa, e isso numa geração que entre 1914 e 1918 viveu uma das mais terríveis experiências da história. Talvez isso não seja tão estranho como parece. Na época, já se podia notar que os combatentes tinham voltado silenciosos do campo de batalha. Mais pobres em experiências comunicáveis, e não mais ricos. Os livros de guerra que inundaram o mercado literário nos dez anos seguintes*

14 Id., 1932-1933/1994c.

> *não continham experiências transmissíveis de boca em boca. Não, o fenômeno não é estranho. Porque nunca houve experiências mais radicalmente desmoralizadas que a experiência estratégica pela guerra de trincheiras, a experiência do corpo pela fome, a experiência moral pelos governantes. Uma geração que ainda fora à escola num bonde puxado por cavalos viu-se abandonada, sem teto, numa paisagem diferente de tudo, exceto nas nuvens, e em cujo centro, num campo de forças de correntes e explosões destruidoras, estava o frágil e minúsculo corpo humano.*[15]

O silêncio imposto a Flor não apenas absolutiza o presente, mas homogeneíza o passado, porque, se a história de Flor, num primeiro momento, não pode ser contada como experiência transmissível, mas apenas na qualidade de derrota, o efeito é de silêncio e desmoralização. E Benjamin vê humilhação e conformismo com o presente dos homens silenciados com a guerra.

A narrativa é atravessada e atravessa, transversa o tempo, assim corta o tempo num movimento que produz descontinuidade. As narrativas, no sentido benjaminiano, se constituem em relampejos, cifram o acontecimento como enigma que precisa ser decifrado em relação com o tempo, com a história:

> *Em nossos livros de leitura havia a parábola de um velho que no momento da morte revela a seus filhos a existência de um tesouro enterrado em seus vinhedos. Os filhos cavam, mas não descobrem qualquer vestígio do tesouro. Com a chegada do outono, as vinhas produzem mais que qualquer outra na região. Só então compreendem*

---

15 Id., 1940/1994d, pp. 114-115.

> *que o pai lhes havia transmitido uma certa experiência: a felicidade não está no ouro, mas no trabalho. Tais experiências nos foram transmitidas, de modo benevolente ou ameaçador, à medida que crescíamos: "Ele é muito jovem, em breve poderá compreender". Ou: "Um dia ainda compreenderá". Sabia-se exatamente o significado da experiência: ela sempre fora comunicada aos jovens. De forma concisa, com autoridade da velhice, em provérbios; de forma prolixa, com a sua loquacidade, em histórias; muitas vezes como narrativas de países longínquos, diante da lareira, contadas a pais e netos. Que foi feito de tudo isso? Quem encontra ainda pessoas que saibam contar histórias como elas devem ser contadas? Que moribundos dizem hoje palavras tão duráveis que possam ser transmitidas como um anel, de geração em geração? Quem é ajudado, hoje, por um provérbio oportuno? Quem tentará, sequer, lidar com a juventude invocando sua experiência?*[16]

Seguindo a perspectiva histórica como saltos, é possível tomar o silêncio – que ocupa o lugar da narrativa e impede que uma experiência seja transmitida – como segregação da palavra e colonização do olhar, marcas da longa história de escravização indígena e negra no Brasil.[17]

A condição de escravizado retira o direito à palavra. Se a *pólis* grega era o espaço de política e se esta é lugar de discurso, da palavra, na condição de escravizados há exclusão da participação política e de lugar de enunciação.

---

16 Ibid., p. 114.

17 Milton Santos, em entrevista, aponta que é preciso descolonizar o olhar. Tendler, S. (2001). *Encontro com Milton Santos: o mundo global visto do lado de cá.* Documentário, 120 min.

Esta condição de negação da palavra, enfocada a partir de saltos históricos, leva ao silêncio como produção histórica da relação entre senhores e escravos. Os homens e mulheres, negros e indígenas, negados como sujeitos, contados como corpos a serem explorados, sem desejo, sem direitos, sem palavra, sem política.

Em que medida o silêncio de Flor guarda relação intrínseca com o aspecto étnico-racial? Com a negação do direito da expressão pela palavra, o direito à voz, o espaço de escuta? Flor é uma mulher negra, moradora da periferia, o que faz considerar que o silêncio ordenado, a dor deslegitimada, o luto negado, remetem ao presente e ao passado histórico.

Os dados já apresentados apontam uma diminuição nos índices de homicídios no Brasil, mas a eles contrastam o aumento no número de homicídios de homens negros. E, se assistimos ao documentário *Luto como mãe*, o que fica explícito é que os assassinatos têm cor. Como canta Elza Soares, "a carne mais barata do mercado é a carne negra".[††]

A longa história do trabalho escravo que determinava a relação social e política com as pessoas negras não é circunstância do passado que o progresso substituiu. Ao ordenamento de silêncio do presente se associa a proibição da palavra sobre o passado histórico.

O passado histórico possibilita reconhecer as circunstâncias da morte de Júnior atualizadas pela cena na delegacia, compondo uma outra/Outra cena histórica. A palavra do policial contém um outro tempo e, assim, a cena na delegacia repete uma relação senhor-escravo, ou, melhor dizendo, senhor-escrava.

Mas, em um novo giro, o silêncio de Flor pôde ser escutado como resistência, no que esta noção guarda de dimensão política, e, em sua luta, autoriza-se a transmitir a história de seu filho e a sua.

5. Valor ou importância no tempo de vida e das vidas

Há cálculos implicados no que confere *valor* a uma vida? Se as mortes de jovens negros, moradores das periferias, não recebem o lamento público e delas não se diz que tinham todo um futuro pela frente, o que constitui ou destitui de *valor* o tempo de uma vida? O que faz uma vida *valer* a pena? É possível atribuir *valor* a uma vida? Como se mede esse *valor*? Há uma escala com base na qual se fazem cálculos de que vidas *valem* a pena?

As várias perguntas relançam as questões formuladas por Butler sobre as vidas que valem a pena.[1] Para isto, a noção de valor é tomada a fim de levantar aspectos de determinação social e política que resultam na morte de jovens, tratadas como naturais e destituídas do reconhecimento de que são vida perdidas.[2]

1 Butler, J. (2009). *Vida precária: el poder del duelo y la violencia* (F. Rodriguez, Trad.). Paidós.

2 Desde o tempo dos atendimentos clínicos e das ações de saúde no âmbito do território que deram origem à pesquisa cujo texto ora é publicado na forma deste livro, transcorreram duas décadas. Muitos são os acontecimentos que recortam este tempo. No contexto do recorte que constituiu o trabalho no tempo

Valor, valer são noções do campo econômico. É possível ou desejável que se apliquem a uma vida? Por valor pode se tomar o que é importante?

Uma das acepções de valor é "apreço e estimação por algo ou alguém, em geral".[‡‡] Acepção que se aproxima da noção adotada por Butler sobre as vidas que valem a pena.[§§] Entretanto, aqui, as indagações se voltarão para valor em sua conceitualização econômica, como formulada por Marx. Em que medida há uma noção econômica que determina que vidas valem a pena e, assim, subsumem a importância da vida?

A teoria do valor é tomada por Marx do campo da economia política e se constitui em categoria central de sua teoria social.[3] Ao abordar a teoria do valor, a referência é ao valor de troca, o qual diferencia do valor de uso. Sem entrar na rica construção teórico-metodológica marxiana, é possível apontar a centralidade do trabalho na produção da vida social e os processos de exploração e alienação que destituem o trabalhador de sua produção. Partindo do estudo das mercadorias, Marx mostra que no modo de produção capitalista o trabalho se converte em força de trabalho e é esta mercadoria que confere valor. O trabalho cria o valor das mercadorias, e a duração, o tempo, é sua medida. Tempo que não é individual, mas socialmente necessário para a produção de

---

de sua pesquisa, pois isto possibilita avançar nas reflexões sobre a problemática posta, a negação de perda que se abate sobre determinadas vidas, pudemos acompanhar a força que ganhou o movimento Vidas Negras Importam. Movimento originário dos Estados Unidos da América, é reacendido e ganha visibilidade quando ocorre o assassinato de George Floyd por um policial em 2020. Sem aprofundar as informações ou discussões sobre este movimento, é possível apontar que ele se originou e se constitui em luta antirracista e de combate à violência policial contra a população negra nos Estados Unidos.

3 Marx, K. (1999). *O capital, livro primeiro* (Os Pensadores). Nova Cultural. (Publicado originalmente em 1867).

algo, medida em tempo. Assim, o tempo é a unidade de medida do valor:

> *importa saber antes qual é o modo de ser quantitativo daquele trabalho, porque as diferenças de grandeza das mercadorias como valores de troca são apenas diferenças de grandeza de trabalho objetivado nelas. Já que o modo de ser quantitativo do movimento é o tempo, assim o modo de ser quantitativo do trabalho é o* tempo de trabalho. *Pressupondo sua qualidade como dada, a única diferenciação de que é suscetível é a diversidade de sua própria duração. Como tempo de trabalho, obtém seu padrão de medida nas unidades naturais do tempo: hora, dia semana etc. Tempo de trabalho é o modo vivo de ser do trabalho, indiferente à sua forma, ao seu conteúdo, à sua individualidade; é o seu modo vivo de ser como quantidade, ao mesmo tempo que é sua medida imanente. O tempo de trabalho objetivado nos valores de uso das mercadorias é tão exatamente a substância que os torna valores de troca, e daí mercadorias, como também mede sua grandeza determinada de valor.*[4]

Destacar a dimensão econômica que pode se associar com a noção de que vidas *valem* a pena possibilita indagar sobre em que medida as categorias do trabalho podem ser referências para revelar cálculos que determinam que uma morte se constitua em uma vida perdida, uma vida que vale a pena, como elabora Butler.[5] Tempo em sua vertente de capital, que mede valor. Se, no modo de produção capitalista, o tempo é medida para o *quantum* de

4 Ibid., p. 59, grifo no original.

5 Butler, 2009.

trabalho socialmente necessário para a produção de mercadoria, esta dimensão econômica é apropriada pelo senso comum com a expressão "tempo é dinheiro". E o tempo passa a ser associado a algo que não pode ser perdido, deve-se "ganhar tempo". Assim, o tempo de vida também tem dimensão econômica. Se é possível medir quanto vale o tempo de um trabalhador, que passa a receber por hora, semana, mês; uma vida que *vale a pena* e, assim, tem tempo de ser vivida se correlaciona a uma vida cujo tempo tem valor (rentável)? E quanto vale o tempo de uma vida?

O debate sobre a mercantilização da vida é de longo alcance e está presente em muitas áreas. Se na sociedade capitalista todos os âmbitos da vida são transformados em mercadoria, a exemplo do que acontece com áreas sociais como saúde, educação, cultura, moradia, lazer, transporte, a questão aqui destacada é a mercantilização do tempo de vida e sua expressão de vidas que valem a pena serem vividas. É nesta medida que a indagação se volta para os cálculos implicados para determinar o direito à vida e ao tempo de vivê-la.

O que faz com que exista silenciamento e alheamento públicos diante de determinadas mortes? Questão que aponta multideterminações que estão em funcionamento em um processo de naturalização.

Uma reportagem, veiculada por uma revista de ampla circulação, é ilustrativa: "Qual o preço de viver mais?". Embora o autor não fale de valores monetários, suas questões ajudam a indagar sobre cálculos que conferem valor a uma vida. As vidas que valem a pena têm preço com que se compra o tempo:

> *É preciso saber viver*
>
> *Há coisa de um mês, meu amigo saiu do médico, com um diagnóstico de colesterol altíssimo e a receita de um remédio chamado Crestor, que, a depender do próximo*

exame, pode ser que ele venha a tomar pelo resto de seus dias. Na consulta, o cardiologista, um sujeito fabuloso, fez algumas contas no computador e falou quanto tempo lhe restaria se continuasse com aquele estilo de vida (ele não é a Amy Winehouse, mas também não é o padre Fabio de Melo, graças a Deus). Hoje é possível, com o avanço da medicina, deduzir com razoável probabilidade de acerto quando você vai bater as botas, partir desta para melhor, abotoar o paletó de madeira. Mais do que isso: com os novos equipamentos, você pode esticar bastante seu período na Terra.

A questão que me ocorre, porém, é esta: qual o preço de viver mais?

No momento em que digito estas linhas, José Alencar e Chico Anysio são notícia. O primeiro tinha ido para casa após longa temporada no Hospital Sírio-libanês, em São Paulo. As sessões de quimioterapia prosseguem, como as periódicas de hemodiálise. Já a pneumonia no pulmão direito de Chico havia regredido e ele respondia bem à gastrotomia endoscópica – um tubo no estômago cuja função é permitir a alimentação por outra via.

Evidentemente que torço por eles e admiro sua tenacidade. Eu apenas não sei se preferiria, na minha vez, tentar saber o exato momento em que a luta se tornaria, na verdade, perdida. A cada Marlboro que você acende, perde 0,12 minuto, ou algo assim, declara a máquina do doutor. Você deve arriscar? Provavelmente, algum chinês ou indiano inventará um anulador de efeitos do tabaco e da nicotina. Você deve arriscar?[6]

6 Nogueira, K. (2011, fev.). É preciso saber viver. *Revista Alfa Homem: inteligência x boa vida x elegância x atitude*, (6), 38-39.

Há compra e venda de tempo de vida? Embora o autor pergunte "qual o preço de viver mais?", não trata dos valores cobrados pelo hospital mencionado nem do custo dos procedimentos e equipamentos, recursos tecnológicos que "esticam" a vida; também não indaga o cálculo do tempo da imediaticidade necessária para que estes procedimentos tenham o efeito de "esticar" as vidas. Porque, como diz o autor, com o avanço da medicina e os equipamentos desenvolvidos, é possível calcular quanto você vai viver. Sob este *quanto* referido ao tempo há um outro: quanto custa esse tempo de vida.

As matérias e dados sobre o aumento da longevidade, obtido com o avanço tecnológico, possibilitam evidenciar uma associação entre longevidade e desigualdade social, pois, quanto maior a possibilidade de aumento do tempo de vida, mais se revela o quanto as mortes de jovens têm determinação social. São mortes precoces e evitáveis.

Em seu livro *A solidão dos moribundos*, Elias aborda a relação com a morte na sociedade moderna. Nele, nos diz que há uma escala histórico-social na qual as vidas são medidas. Com base nesta escala, a forma de ver as fases da vida se altera, isto é, considerar alguém de 40 anos quase um velho ou quase um jovem depende do período histórico:

> *Nos Estados-nação mais desenvolvidos, a segurança das pessoas, sua proteção contra os golpes mais brutais do destino como a doença ou a morte repentina, é muito maior que anteriormente, e talvez maior que em qualquer outro estágio do desenvolvimento da humanidade. Comparada com estágios anteriores, a vida nessas sociedades se tornou mais previsível, ainda que exigindo de cada indivíduo um grau mais elevado de antecipação e controle das paixões. A expectativa de*

> *vida relativamente alta dos indivíduos nessas sociedades é um reflexo do aumento da segurança. Entre os cavaleiros do século XIII, um homem de 40 anos era visto quase como um velho; nas sociedades industriais do século XX, ele é considerado quase jovem – com diferenças específicas de classe. A prevenção e o tratamento de doenças hoje estão mais bem organizados que nunca, por mais inadequados que ainda sejam. A pacificação interna da sociedade, a proteção do indivíduo contra violência não sancionada pelo Estado, como contra a fome, atingiu um nível inimaginável pelos povos de outros tempos.*[7]

Elias estabelece quatro características que diferenciam a relação com a morte na sociedade moderna da relação com a morte nas formas anteriores de sociedade. A primeira destas características se refere à distância em que é posta a morte não apenas numa dimensão espacial, como temporal:

> *Essas características específicas incluem, em primeiro lugar, a extensão da vida individual nessas sociedades, como já foi dito. Numa sociedade com uma expectativa de vida de 75 anos, a morte para uma pessoa de 20 ou mesmo 30 anos é consideravelmente mais remota que numa sociedade com uma expectativa de vida de 40. É fácil compreender que, na primeira, uma pessoa seja capaz de manter a ideia da morte à distância durante um período maior de sua vida.*[8]

---

7 Elias, N. (2001). *A solidão dos moribundos* (P. Detzen, Trad.; pp. 13-14). Jorge Zahar Editor.

8 Ibid., p. 54.

No entanto, Elias não inclui, nas considerações que tece, que a expectativa apresentada é uma média que exclui e invisibiliza as desigualdades sociais das vidas. Como é para um jovem que cotidianamente observa que a morte para aqueles que vivem em determinadas situações sociais não pode ser situada tão remotamente?

Consultando o site da Agência IBGE Notícias, é possível verificar os dados com relação à longevidade no Brasil. As referências para o ano de 2019 apontam um aumento da expectativa de vida para 76,6 anos, com particularidades de gênero e regionais:

> *Expectativa de vida aumentou em 3 meses em 2019 em relação a 2018, atingindo 76,6 anos.*
>
> *A expectativa de vida dos homens é de 73,1 anos e a das mulheres de 80,1.*
>
> *Em 1980, de cada mil pessoas que chegavam aos 60 anos 344 atingiam os 80 anos de idade. Em 2019, este valor passou para 604 indivíduos na média do Brasil.*
>
> *A mortalidade infantil (menores de 1 ano) caiu de 12,4 por mil em 2018 para 11,9 por mil em 2019.*
>
> *A mortalidade na infância (crianças menores de 5 anos) declinou de 14,4 por mil em 2018 para 14,0 por mil em 2019.*
>
> *A menor taxa de mortalidade infantil foi a do Espírito Santo (7,8 por mil) e a maior a do Amapá (22,6 por mil).*
>
> *Essas são algumas informações das Tábuas Completas de Mortalidade para o Brasil referente a 2019. . . . A expectativa de vida fornecida pelo estudo é um dos parâmetros para determinar o fator previdenciário, no cálculo das aposentadorias do Regime Geral de Previdência Social.*

> *Em 1940, uma pessoa ao completar 50 anos, por exemplo, tinha uma expectativa de viver mais 19,1 anos. Já em 2019, a esperança de vida para uma pessoa nessa faixa etária seria de 30,8 anos. Ou seja, atualmente vive-se, em média, quase 12 anos mais.*
>
> *No entanto, a expectativa de vida muda conforme a idade da pessoa e o sexo, sendo que a taxa de mortalidade dos homens é sempre superior à das mulheres. E é aos 20 anos que essa chamada "sobremortalidade masculina" atinge seu pico. Em 2019, um homem de 20 anos tinha 4,6 vezes mais chance de não completar os 25 anos do que uma mulher do mesmo grupo de idade.*[9]

Fernando Albuquerque, demógrafo do IBGE, comenta os dados:

> *Na faixa entre 15 e 34 anos existe maior disparidade entre a taxa de mortalidade da população masculina em relação à feminina. Isso ocorre devido à maior incidência de óbitos por causas externas ou não naturais, como homicídios e acidentes, que atingem com maior intensidade a população masculina jovem. A expectativa de vida masculina no país poderia ser superior à que se estima atualmente, se não fosse o efeito das mortes prematuras de jovens por causas não naturais.*[10]

---

9 Brasil. (2020, 26 nov.). Expectativa de vida dos brasileiros aumenta 3 meses e chega a 76,6 anos em 2019. *Agência IBGE Notícias*. https://agenciadenoticias.ibge.gov.br/agencia-noticias/2012-agencia-de-noticias/noticias/29505-expectativa-de-vida-dos-brasileiros-aumenta-3-meses-e-chega-a-76-6-anos-em-2019.

10 Ibid.

Assim, os dados sobre a longevidade evidenciam a desigualdade social e, embora se faça referência à "sobremortalidade masculina" em comparação com a expectativa de vida das mulheres, não se aponta o corte étnico-racial associado a ela.

Em acordo com esta questão, a segunda característica que Elias indica são os recursos tecnológicos no campo da saúde que possibilitam o adiamento do envelhecimento e da morte:

> *Mais do que nunca, podemos hoje esperar – com a habilidade dos médicos, a dieta e os remédios – o adiamento da morte. Nunca antes na história da humanidade os métodos mais ou menos científicos de prolongar a vida foram discutidos de maneira tão incessante em toda a sociedade como em nossos dias. O sonho do elixir da vida e da fonte da juventude é muito antigo, mas só assumiu uma forma científica – ou pseudocientífica – em nossos dias. A constatação de que a morte é inevitável está encoberta pelo empenho em adiá-la mais e mais com a ajuda da medicina e da previdência, e pela esperança que isto talvez funcione.*[11]

Esta segunda característica coloca em questão a desigualdade, na medida em que há, como nunca houve, a possibilidade de prolongar a vida, o que, entretanto, não se dá como direito para todos, mas, conforme é possível ler em Elias, como mercadoria, afirmando o que aponta Marx.[12]

A terceira característica recortada pelo autor se pauta em um funcionamento social baseado na pacificação vigente na sociedade moderna em relação a outras formas societárias. Contudo, Elias

---

11 Elias, 2001, p. 56.

12 Marx, 1867/1999.

não deixa de abordar o limite deste aspecto, considerando as duas Guerras Mundiais. Acrescenta a este aspecto as relações de violência em outras escalas, que, todavia, impedem que se tenha uma imagem universal da morte decorrente do fim natural da vida.

Quanto à quarta característica, que marca a relação específica dos homens com a morte na sociedade moderna, Elias fala da morte solitária. Trata-se de uma questão que chama atenção, pois se refere aos sentidos sociais que são dados às vidas. A estes está associada a memória. E, afirma Elias, o lugar que as pessoas podem ocupar após a morte é na memória dos sobreviventes:

> *As pessoas experimentam os eventos que lhes acontecem como sendo significativos ou não, como tendo ou não sentido. É esse sentido experimentado que está em questão. Se um homem de 30 anos, pai de duas crianças pequenas e casado com uma mulher que ama, envolve-se num acidente de estrada com um motorista que vinha na contramão e morre, dizemos que é uma morte sem sentido.*[13]

Assim, retomando o início deste capítulo, em que são lançadas perguntas sobre cálculos que podem estar implicados e com os quais são medidos os valores das vidas e a partir dos quais se estabelece reconhecimento público de uma vida que vale a pena ser vivida, é reveladora de aspectos dessa discussão uma matéria de revista que circula para o grande público e que traz a seguinte questão sobre a então fortuna do empresário Eike Batista:

> *Bilionário popstar: O empresário Eike Batista aparece mergulhado em uma pequena fortuna de moedas na*

13 Elias, op. cit., p. 72.

> *capa da versão iPad de ALFA. Numa entrevista exclusiva, em vídeo, o bilionário conversa com o jornalista Vicente Vilardaga em seu escritório no Rio de Janeiro. Para os leitores que sonham com a fortuna, bolamos uma calculadora para descobrir* quantos dias de vida é preciso trabalhar *para acumular o mesmo patrimônio de 27 bilhões de dólares do magnata brasileiro. Exemplo: se você recebe 20.000 reais mensais, terá de labutar até a próxima Era Glacial, daqui a uns 100.000 anos. O conselho de Eike aos interessados: "não desista".*[14]

A calculadora que "descobre quantos dias de vida é preciso trabalhar" para supostamente acumular o mesmo patrimônio de Eike Batista é bastante ilustrativa da dimensão ideológica entre tempo de vida e trabalho, pois o tempo calculado é revelador por si mesmo: 100 mil anos. Ao que acrescenta: "não desista".

Em seu livro *O tempo e o cão*, Maria Rita Kehl toma como questão a atualidade das depressões, o ritmo imposto pelas formas atuais de acumulação capitalista e as depressões como expressão sintomática de um funcionamento social. O depressivo, ao se situar fora deste tempo da pressa, do tempo acelerado, resiste ao sem limite da demanda por sujeitos eficientes e esfuziantes, em estados de euforias também velozes:

> *A sociedade contemporânea vem produzindo – e sofrendo com isso – uma invasão de formas imaginárias desse Outro apressado, que não admite nenhum tempo ocioso que não seja rapidamente preenchido por ações que visam satisfação imediata. Em função disso o recuo, o recuo do depressivo ocupa lugar do sintoma*

---

14 Nogueira, 2011, p. 15, grifo meu.

> *social. Ao deprimir-se, ele tenta fugir do excesso de oferta (entendidas como demandas pelo sujeito) do Outro para se refugiar debaixo das cobertas.*[15]

A vida dos jovens, interrompida precocemente, passa a ser regida por cálculos que quantificam seus tempos, numa escala de anos de vida e valor do tempo?

Messuti, em seu estudo *O tempo como pena*, tomando como objeto de pesquisa a pena de prisão, traz uma referência a Santo Agostinho sobre o tempo de vida:

> *Crescem ou decrescem os anos de vida? Quando acaba o caminho? Não acaba para todos na mesma hora. Cada um tem sua hora para terminar sua jornada. O caminho, como dizemos, é esta vida; acabaste a vida, acabou para ti o caminho. Andamos, e o próprio viver é avançar. Imaginais que avança o tempo e nós ficamos parados? Isso não pode ser. O tempo avança e no seu passo avançamos nós, e ao invés de crescer, míngua o número de nossos anos. . . . os anos vêm, dissestes; eu te demonstro que não vêm, como tua afirmas, antes vão, e verás quão simples é demonstrá-lo. Suponhamo-nos sabedores dos anos que tem de viver este menino; verbigracia – e por fazer-lhe mercê –, oitenta anos; chegará, portanto, à velhice. Escreva oitenta anos. Já viveu um; quanto tens na soma? Quantos tinha? Oitenta. Resta um. Viveu já dez? restam setenta. Viveu já vinte? Restam sessenta. Certo cresciam os anos, porém que espécie de crescimento é este? Nossos anos vêm para ir-se,*

15 Kehl, M. R. (2009). *O tempo e o cão: a atualidade das depressões* (p. 141). Boitempo.

> *não vêm para ficar conosco; passam sobre nós, nos pisam e nos fazem valer cada dia menos.*[16]

Postas em relação as referências de Santo Agostinho e de Nogueira, os oitenta anos previstos e cada dia ou ano que se vai não são dados naturalmente. Há cálculos que levam aos 80 anos e cálculos em que 23 anos, como no caso do filho de Flor, é o tempo máximo de vida, sem que isto seja considerado morte prematura, vida perdida ou ausência contada.

16 Santo Agostinho, citado por Messuti, A. (2003). *O tempo como pena* (T. A. Dix Silva & M. C. Veronesi de Toledo, Trad.; p. 50). Editora Revista dos Tribunais.

6. Vidas em segredo

Um caso se constituiu em fio condutor para análises que articulam dimensões subjetivas, culturais, sociais e políticas implicadas no luto. Destacando o silêncio como sintoma que marca o caso, revelando um processo de luto que sofre impedimento, é possível avançar e apontar uma dimensão de singularidade que recorta o campo social e indagar sobre um funcionamento social, cuja ordem é silenciar.

Flor foi condenada ao silêncio, deve silenciar a morte do filho, desta não deve perguntar e tampouco querer saber: "*Deve deixar para lá*". Em nome de que funciona o ordenamento dado? De onde retira sua força? O que deve ser silenciado?

Abordar a morte de jovens moradores das periferias a partir do luto de suas mães também desloca o luto como matéria de âmbito privado para o campo político. E que as mortes de jovens nas periferias não sejam tratadas com suspensão da lei.

Suspensão que se sustenta em produções discursivas de culpabilização dos jovens, pela violência, diante da qual "a sociedade" se sente ameaçada. Cria-se, desta forma, uma condição social atuante na ação "legal" que funciona e recai sobre pessoas que moram nas periferias das cidades, identificadas como perigosas e perpetradoras da violência.[1]

Há uma "licença para matar" que se sustenta com a condição de segurança ofertada e que constitui o que Achille Mbembe denomina de necropolítica.[2] Mbembe aborda a política de Estado que, com critérios étnico-raciais e dominação colonizadora, estabelece controle sobre determinadas populações e institui critérios para definir quem deve viver e quem se deve deixar morrer. O que vigora nos Estados periféricos do sistema capitalista é uma necropolítica, que todavia se articula com as regiões centrais do poder capitalista. Uma política de morte, dirigida a certas populações e setores, que obedece a critérios raciais e xenófobos.

Nesta relação, é possível tratar uma vez mais do silêncio, interrogando em que medida ele guarda uma dimensão de estratégia de sobrevivência, posta em operação pelos sujeitos que têm suas vidas sob vigilância e ameaça constantes.

O silêncio, portanto, é duplo: ele não é apenas das mortes, mas de vidas. Vidas que, para sobreviverem, devem silenciar. O silêncio cumpriria a função de guardar a vida em segredo. Vidas que não podem ser ditas e encontram no silêncio uma estratégia de sobrevivência.

Esta condição de silêncio como condição de sobrevivência pode ser inferida com base em táticas em tempos ditatoriais, o silêncio como segredo de formas de luta e organização que se articulam à sobrevivência. Entretanto, assim como Mbembe aponta

---

1 Butler, J. (2009). *Vida precária: el poder del duelo y la violencia* (F. Rodriguez, Trad.). Paidós.

2 Mbembe, A. (2016). Necropolítica. *Revista do PPGAV/EBA/UFRJ*, (32), 123-151.

a vigência de uma necropolítica, as recorrentes notícias de mortes por chacinas, mortes de militantes e lideranças de movimentos populares e sindicais, ataques que ameaçam a vida e a sobrevivência de toda uma etnia indígena ocorrem em períodos democráticos, revelando o funcionamento de um sistema social. É esta condição que exige táticas de sobrevivência. Assim, há vidas que se guardam em segredo.

Sandro Barbosa do Nascimento foi morto publicamente, todos somos "testemunhas" silenciosas da perda e da forma como Sandro perdeu a vida. O que acontece com este luto? Luto público, mas, contraditoriamente, morte que é silenciada. Há Estado de direito que proteja a vida de Sandro? Sandro rompe o silêncio tácito e, assim, chama a atenção. Neste ato de desobediência, é morto?[3]

Quando Freud aborda as neuroses de guerra, articula-as como neuroses traumáticas. O trauma advém do perigo e da ameaça contra a sobrevivência da vida e do eu. A neurose traumática aponta a situação de perigo que ameaçou o eu, cujo silêncio comparece como defesa.[4] O trauma "é uma experiência de desamparo por parte do ego em face de um acúmulo de excitação, quer de origem externa quer interna, com que não se pode lidar".[5] O traumático é aquilo que deixa o sujeito sem palavras, fora de sentido, que, nesta

3 No documentário sobre as Mães de Acari, ficamos sabendo dos assassinatos "anônimos" das mães que rompem os silêncios ordenados e insistem em falar e querer saber quem são os responsáveis pelas violentas mortes de seus filhos.

4 Freud, S. (1980p). Introdução à psicanálise e às neuroses de guerra. In S. Freud, *Edição Standard Brasileira das Obras Completas de Sigmund Freud* (Vol. XVII). Imago. (Publicado originalmente em 1919); Freud, S. (1980o). Inibições, sintomas e ansiedade. In S. Freud, *Edição Standard Brasileira das Obras Completas de Sigmund Freud* (Vol. XX). Imago. (Publicado originalmente em [1925]1926).

5 Freud, [1925]1926/1980o, p. 99.

condição, não encontra articulação e fixa o sujeito no instante do que irrompeu, desestruturando a cadeia de significação.[6]

Às mortes em silêncio antecedem vidas que devem ser vividas em segredo. Outra face do silêncio pelo impedimento, assim como aponta Butler sobre a proibição do luto público:

> *Assim, se a violência se exerce contra sujeitos irreais, do ponto de vista da violência não há nenhum dano ou negação possível desde o momento em que se trata de vidas já negadas. Porém essas vidas têm uma estranha forma de manterem-se animadas, pelo que devem ser negadas uma e outra vez. São vidas para as quais não cabe nenhum luto porque já estavam perdidas para sempre ou porque mais bem nunca "foram", e devem ser eliminadas a partir do momento em que parecem viver obstinadamente neste estado moribundo. A violência se renova frente ao caráter inesgotável de seu objeto.*[7]

No centro da experiência clínica psicanalítica está a palavra, e a associação livre é o pilar fundante da psicanálise, sua regra fundamental. É na palavra da histérica, convidada a falar, que Freud descobre os conflitos, cujas forças estão atuantes nos sintomas que àqueles se sobrepõem. Caminho que cria a *talking cure*.

O método da associação livre é construído na experiência clínica de Freud em sua radicalidade de escuta, sustentado por uma posição ética que o faz criticar e abandonar a técnica da sugestão do método hipnótico. Freud chega, em 1921, em *Psicologia de grupo e análise do eu*, acirrando sua crítica ao conceito de sugestão

---

6 Rosa, M. D. (2002). Uma escuta psicanalítica de Vidas Secas. *Textura: Revista de Psicanálise*, (2), 42-47.

7 Butler, 2009, p. 60.

neste novo momento e criticando o uso deste como explicação para os fenômenos de grupo:

> *Posso, porém, lembrar-me de que mesmo então sentia uma hostilidade surda contra essa tirania da sugestão. Quando um paciente que não se mostrava dócil enfrentava o grito: "Mas o que está fazendo?* Vous vous contre-suggestionnez!*", eu dizia a mim mesmo que isso era uma injustiça evidente e um ato de violência, porque o homem certamente tinha direito a contra-sugestões, se estavam tentando dominá-lo com sugestões. Mais tarde, minha resistência tomou o sentido de protestar contra a opinião de que a própria sugestão, que explicava tudo, era isenta de explicação.*[8]

A sugestão mostra sua face de dominação pela palavra da autoridade do hipnotizador, à qual o sujeito se entrega em obediência. Contraposta a esta relação, Freud propõe a escuta em atenção flutuante e a fala em associação livre:

> *Conte-me o que sabe a respeito de si próprio.*
>
> *A única exceção a isto refere-se à regra fundamental da técnica psicanalítica, que o paciente tem de observar. Isto lhe deve ser comunicado bem no começo: "Uma coisa mais, antes que você comece. O que me vai dizer deve diferir, sob certos aspectos, de uma conversa comum. Em geral, você procura, corretamente, manter um fio de ligação ao longo de suas observações e exclui*

---

8 Freud, S. (1980v). Psicologia de grupo e análise do eu. In S. Freud, *Edição Standard Brasileira das Obras Completas de Sigmund Freud* (Vol. XVIII, p. 114). Imago. (Publicado originalmente em 1921).

> *quaisquer temas laterais, de maneira a não divagar longe demais do assunto. Nesse caso, porém, deve proceder de modo diferente. Observará que, à medida que conta coisas, ocorrer-lhe-ão diversos pensamentos que gostaria de pôr de lado, por causa de certas críticas e objeções. Ficará tentado a dizer a si mesmo que isto ou aquilo é irrelevante aqui, ou inteiramente sem importância, ou absurdo, de maneira que não há necessidade de dizê-lo. Você nunca deve ceder a esta crítica, mas dizê-lo apesar delas – na verdade, deve dizê-lo exatamente* porque *sente aversão a fazê-lo. . . . Aja como se fosse um viajante sentado à janela de um vagão ferroviário, a descrever para alguém que se encontra dentro as vistas cambiantes que vê lá fora".*[9]

Miller diz que "Não há teórica maior da psicanálise que Anna O., a histérica que inventou o termo '*talking cure*', a cura pela palavra. Freud apenas o recolheu de sua boca. Foi ela quem o guiou à entrada da psicanálise".[10]

O período no qual Freud dá os primeiros passos na construção do edifício psicanalítico compreende o final do século XIX e o início do XX. A repressão que recaía sobre a sexualidade, sobretudo das mulheres, aparece de forma não dita no corpo histérico.

É na palavra que se deve procurar, e dela esperar que advenha, o que escapa ao dito consciente. E nesta posição está a ética

---

9 Freud, S. (1980ac). Sobre o início do tratamento (novas recomendações sobre a técnica da psicanálise I). In S. Freud, *Edição Standard Brasileira das Obras Completas de Sigmund Freud* (Vol. XII, p. 177). Imago. (Publicado originalmente em 1913). Grifo no original.

10 Miller, J.-A. (2002). A transferência de Freud a Lacan. In J.-A. Miller, *Percurso de Freud a Lacan: uma introdução* (A. Roitman, Trad.; p. 58). Jorge Zahar Editor.

que Freud reafirma também em sua crítica ao uso do eletrochoque como tratamento para as neuroses de guerra. Freud pondera que o uso desta técnica é determinado não pelas questões do paciente, mas pelo funcionamento institucional e social, e estes podem se contrapor à verdade do paciente. E se o compromisso não é com o sujeito que sofre se abriu mão da ética:

> *Esse procedimento terapêutico [eletrochoque], contudo, ostenta desde o início um estigma. Não se destinava à recuperação do paciente, ou, pelo menos, não em primeira instância; destinava-se, acima de tudo, a restaurar a sua aptidão para o serviço. Nisso a medicina servia a propósitos estranhos à sua essência. O próprio médico estava sob comando militar e tinha seus próprios perigos a temer – perda de posição ou uma acusação de negligenciar o dever –, se se permitiu ser levado por considerações outras além daquelas que lhe foram prescritas. O insolúvel conflito entre os direitos de humanidade, que normalmente pesam para um médico de maneira decisiva, e as exigências de uma guerra nacional estavam fadados a confundir a sua atividade.*[11]

Em *Introdução à psicanálise e às neuroses de guerra*, Freud está às voltas com questões sobre as neuroses traumáticas.[12] Problema maior é a relação entre as neuroses traumáticas e as neuroses de transferências. E é com base na noção de libido narcísica que Freud abre caminho para relacionar estas neuroses. A neurose

11 Freud, S. (1980e). Apêndice: memorando sobre o tratamento elétrico dos neuróticos de guerra. In S. Freud, *Edição Standard Brasileira das Obras Completas de Sigmund Freud* (Vol. XVII, p. 268). Imago. (Publicado originalmente em [1920]1955).

12 Freud, 1919/1980p.

traumática caracterizada pelo perigo que o eu não pode prever, caráter acidental ao que mais tarde associará a discussão sobre a angústia sinal:

> *Nas neuroses traumáticas e de guerra, o ego humano defende-se de um perigo que o ameaça de fora ou que está incorporado a uma forma assumida pelo próprio ego. Nas neuroses de transferência, em época de paz, o inimigo do qual o ego se defende é, na verdade, a libido, cujas exigências lhe parecem ameaçadoras. Em ambos os casos, o ego tem medo de ser prejudicado – no segundo caso, pela libido, e no primeiro, pela violência externa. De fato, poder-se-ia dizer que, no caso das neuroses de guerra, em contraste com as neuroses traumáticas puras e de modo semelhante às neuroses de transferência, o que é temido é, não obstante, um inimigo interno. As dificuldades teóricas que se erguem no caminho de uma hipótese unificadora desse tipo não parecem insuperáveis: . . . afinal de contas, temos todo o direito de descrever a repressão, que está na base de cada neurose, como uma reação ao trauma – como uma neurose traumática elementar.*[13]

O trauma, diz Rouanet, é uma *ferida* que se associa à vivência de algo como humilhação:

> *Freud usa a expressão* Kränkung, *humilhação, e não trauma, mas o próprio Freud deixou claro, em "Estudos sobre a histeria", que a "humilhação" era uma variedade de "trauma psíquico". Por isso, creio que alguns*

13 Freud, 1919/1980p, pp. 262-263.

> *tradutores acertaram em cheio quando traduziram* Kränkung *por ferida, ferida narcísica, com o que se aproximaram do conceito de trauma que, afinal, quer dizer ferida, em grego.*[14]

O que foi ferido na experiência traumática? Relembrando que Benjamin, em *Pobreza e experiência*, cita os homens que voltam mudos, silenciados e silenciosos da guerra – o silêncio produzido pela experiência desmoralizante.[15]

Pobreza e experiência, escrito em 1932-1933, toma os efeitos da guerra não só para exemplificar, e sim para diagnosticar a pobreza da experiência que se generaliza na sociedade contemporânea. Essa pobreza se dá pelo silêncio: não ter o que comunicar revela a pobreza de experiências comunicáveis. O que não pode ser dito, constituinte de experiências desmoralizantes que, enquanto tal, são vazias do que pode se transmitir como experiência que atravessa o tempo da vida individual.

Abraham e Torok apontam que a *doença do luto* pode ter como fundamento a palavra que não pode ser transmitida de boca em boca, caso no qual o corpo se torna cripta.[16] Em suas construções, tomam como questão central a perda inconfessável, que jaz no corpo cripta. Os casos em que os lutos não podem ter outro destino que não o corpo criptóforo são aqueles em que a perda não pôde ser dita, e, assim, não foi reconhecida de nenhuma forma:

---

14 Rouanet, S. P. (2006). Os traumas da modernidade. In A. M. Rudge (Org.), *Trauma* (p. 151). Escuta.

15 Benjamin, W. (1994c). *Experiência e pobreza* (S. P. Rouanet, Trad., 7ª ed.). Brasiliense. (Publicado originalmente em 1932-1933).

16 Abraham, N., & Torok, M. (1995). *A casca e o núcleo* (M. J. R. F. Coracinil, Trad.). Escuta.

> *Todas as palavras que não puderam ser ditas, todas as cenas que não puderam ser rememoradas, todas as lágrimas que não puderam ser vertidas, serão engolidas, assim como, ao mesmo tempo, o traumatismo, causa da perda. Engolidos e postos em conserva. O luto indizível instala no interior do sujeito uma sepultura secreta.*[17]

A palavra não dita, proibida, constitui-se em um segredo que é objeto de vergonha, transformando-se em um *luto vergonhoso*. É esta experiência, que é incomunicável, que está sob o silêncio da guerra, experiência desmoralizante, vergonhosa.

A violência é desmoralizante também para quem diante dela silencia. Em sua crônica sobre o assassinato de Mineirinho, Clarice Lispector se contrapõe ao silenciar, consentir e, por fim, tranquilizar-se que seriam "naturais", pois a morte de um criminoso é uma morte que também nos mata, escreve a autora:

> *Esta é a lei. Mas há alguma coisa que, se me faz ouvir o primeiro e o segundo tiro com um alívio de segurança, no terceiro me deixa alerta, no quarto desassossega, o quinto e o sexto me cobrem de vergonha, o sétimo e o oitavo eu ouço com o coração batendo de horror, no nono e no décimo minha boca está trêmula, no décimo primeiro digo em espanto o nome de Deus, no décimo segundo chamo meu irmão. O décimo terceiro tiro me assassina – porque eu sou o outro. Porque eu quero ser o outro.*

---

17 Ibid., pp. 248-249.

> *Essa justiça que vela meu sono, eu a repudio, humilhada por precisar dela. Enquanto isso eu durmo e falsamente me salvo.*[18]

Clarice Lispector pede outra justiça, uma justiça que neste momento pode ser imaginada como doida, porque justa:

> *Até que viesse uma justiça um pouco doida. Uma que levasse em conta que todos temos que falar por um homem que se desesperou porque neste a fala humana já falhou, ele já é tão mudo que só o bruto grito desarticulado serve de sinalização. Uma justiça prévia que se lembrasse de que nossa grande luta é a do medo, e que um homem que mata muito é porque teve muito medo. Sobretudo uma justiça que se olhasse a si própria, e que visse que nós todos, lama viva, somos escuros, e por isso nem mesmo a maldade de um homem pode ser entregue à maldade de outro homem: para que este não possa cometer livre e aprovadamente um crime de fuzilamento. Uma justiça que não se esqueça de que nós todos somos perigosos, e que na hora em que o justiceiro mata, ele não está nos protegendo nem querendo eliminar um criminoso, ele está cometendo seu crime particular, um longamente guardado. Na hora de matar um criminoso – nesse instante está sendo morto um inocente. Não, não é que eu queria o sublime, nem as coisas que foram se tornando as palavras que me fizeram dormir tranquila, mistura de perdão, de caridade vaga, nós que nos refugiamos no abstrato.*

---

18 Lispector, C. (1999). Mineirinho. In C. Lispector, *Para não esquecer* (pp. 123-124). Rocco.

> *O que eu quero é muito mais áspero e mais difícil: quero o terreno.*[19]

Flor guardava em silêncio sua dor. O silêncio de Flor guarda a morte de seu filho, que não podia ser dita sem sofrer a acusação que fazia dela e do filho culpados.

João, 26 anos, morador de um albergue, frequenta semanalmente o serviço de saúde. Em uma fala que irrompe aparentemente fora de contexto, diz: "*Mataram um moleque na Praça da Sé, mataram um moleque na Praça da Sé, mataram um moleque na Praça da Sé, eu vi*". Inicialmente parecendo apenas uma fala repetitiva, a fala de João insiste. Conta, entrecruzando o que insiste em seu discurso, que morou na Praça da Sé, e nesta situação viu o assassinato de uma criança. Ao escutar João, a aparente repetição pede escuta, que com alguém possa compartilhar a cena insuportável, que alguém possa testemunhar com ele que se matam, "em silêncio", crianças.

Margarida está grávida de seu sétimo filho. Com muitos problemas de saúde, incluindo sequelas de uma paralisia infantil, desperta a atenção da equipe da instituição que observa com preocupação a situação e procura intervir a fim de que Margarida não tenha mais filhos, dado o grau de risco de suas gestações. Margarida mora em uma favela próxima ao serviço de saúde. Participa de um grupo de mulheres, em um encontro do grupo, cerca de três meses após o nascimento de seu filho, em que as mulheres falavam sobre a percepção de suas vidas como moradoras daquela favela, a dificuldade de sair do espaço da favela para ir a outros lugares da cidade era objeto comum às falas. Falam da dificuldade de atravessar os muros invisíveis que cercam a favela: "dores de cabeça, vômito, palpitação no coração". Falas que se relacionam tanto com

19 Ibid., p. 126.

a mudança de endereço dos encontros do grupo, que por um ano tiveram como espaço a capela da favela, como com uma atividade que apresentou impasses insuperáveis para sua realização, um passeio ansiado, mas sempre adiado, impedido de se realizar. E, neste encontro, participando de modo mais eloquente, diz Margarida: "Eu nem vejo que as coisas mudam, parece tudo igual, eu só vejo que o tempo passou quando eu vejo que as crianças cresceram". Escutar Margarida, que atenta para a passagem do tempo, da vida, ao observar que as crianças cresceram, possibilita refletir sobre a relação em que se inscrevem suas gestações. Mesmo significando um risco para sua saúde, há ali uma vida anunciada, observa a passagem do tempo e o lugar, o entorno; o risco da gravidez não se sobrepõe ao risco de observar que vive num *continuum*, numa vida que passa em segredo. No momento em que nasce seu filho, Margarida toma a palavra, conta sobre si e sobre onde se inscreve sua maternidade. Margarida rompe sua presença silenciosa, fala do seu desejo, fala de suas gestações, aparentemente inconsequentes, são sustentadas pelo desejo de vida e de movimento.

Parte III

Uma experiência em saúde pública e o método clínico-político

7. O singular do caso que recorta o coletivo e a dimensão política do sintoma

Este é um trabalho que parte de casos clínicos que se constituíram no espaço de escuta individual e em grupo, em campo transferencial, em um serviço público de saúde e, a partir de questões que singularizavam o caso e o território, foram construídas ações coletivas de intervenção no campo social e simbólico.

A referência à transferência remonta às conceitualizações freudianas e de comentadores. A transferência é um operador da psicanálise que Freud elabora a partir dos impasses de sua experiência clínica, que possibilita tanto fazer avançar a terapêutica como a construção teórico-metodológica psicanalítica, posto que passa a ser concebida como o motor do tratamento e a força motriz da análise. A transferência coloca em ato conflitos e lutas de forças pulsionais, compreensão que está em conexão com as descobertas e formulações freudianas sobre o funcionamento psíquico. Assim, é um operador que acompanha, ao mesmo tempo que revela, este funcionamento e um método de tratamento.

Abordar a transferência possibilita dar mais um passo e, com este, elaborar o recorte que constitui o campo de construção das reflexões deste trabalho, o singular do caso que recorta o campo sociopolítico.

Aqui, o singular que marca o caso é o luto impedido, impedimento que parte do campo social e atua com força no sujeito, produzindo efeitos de silenciamento, isolamento e segregação de um tempo-lugar compartilhado. Um tempo-lugar de suspensão, como diz Lacan sobre Antígona, um lugar-tempo *entre*, que coloca o sujeito fora dos laços compartilhados, lugar de desamparo e solidão, onde a morte invade a vida. Neste lugar *entre*, não há passado nem futuro e o presente se eterniza sem marcações, assim, não há memória possível. E da obra sofocliana é possível recolher que um amigo que se constitua em testemunha pode resgatar o sujeito deste sem tempo-lugar, sem amigos; a palavra que encontra escuta tem função de laço. A tessitura que se constitui com a palavra está na poesia de João Cabral de Melo Neto, "Tecendo a manhã":

Um galo sozinho não tece uma manhã:
ele precisará sempre de outros galos.
De um que apanhe esse grito que ele
e o lance a outro; de um outro galo
que apanhe o grito de um galo antes
e o lance a outro; e de outros galos
que com muitos outros galos se cruzem
os fios de sol de seus gritos de galo,
para que a manhã, desde uma teia tênue,
se vá tecendo, entre todos os galos.[1]

---

1 Melo Neto: https://www.escritas.org/pt/t/11508/tecendo-a-manha.

Nesta direção, o que se escuta na clínica, em um serviço público de saúde, pode ultrapassar as paredes da instituição e ganhar vozes e escuta nas ruas. Palavras no território que, coletivamente construídas, podem amparar e romper silêncios também socialmente produzidos.

E se a âncora é a conceitualização de transferência, o caso não é o indivíduo, tampouco o singular é o individual. Rosa, em *Uma escuta psicanalítica de* Vidas Secas, trabalho em que aborda o traumático articulado ao campo social e político, destaca consequências do modelo econômico e político neoliberal.[2] A autora aborda que à exclusão do acesso às políticas sociais, que lança os sujeitos a uma condição de desamparo social, sobrepõe-se um desamparo discursivo "caracterizado pela fragilização das estruturas discursivas que suportam o vínculo social, no que rege a circulação dos valores, ideais, tradições de uma cultura e resguardam o sujeito do real".[3] O objeto de interrogações e interesse da autora, como aponta o título de seu texto, volta-se para:

> *construção de uma escuta clínica que leve em conta a especificidade de tais pessoas e situações, e que trabalhe a necessidade de uma qualificação que habilite psicólogos e psicanalistas a detectarem as sutis malhas da dominação e a não confundirem seus efeitos com o que é próprio do sujeito.*[4]

No percurso que faz para trabalhar a questão posta, Rosa aborda a transferência em Freud e Lacan, apontando que, a partir das formulações de Freud, Lacan avança para situar que há resistência

2 Rosa, M. D. (2002). Uma escuta psicanalítica de Vidas Secas. *Textura: Revista de Psicanálise*, (2), 42-47.

3 Ibid., p. 2.

4 Ibid.

à escuta, dando destaque ao lugar do psicanalista no laço social, o que pode operar como resistência à escuta de sujeitos em situação de pobreza extrema e produzir silenciamentos:

> *a pregnância imaginária da miséria e uma suposta distância dos ideais da cultura podem ser um impeditivo para a escuta, para reconhecer o desejo do sujeito na transferência, levando a interpretar como falta de recursos do sujeito a sua negativa de falar, própria de quem precisa assegurar-se do outro antes de levantar alguma pergunta sobre seu sofrimento.*[5]

Assim, a autora aponta o silenciamento também como consequência da resistência do lado do psicanalista. As formulações de Rosa nos advertem para que os impasses transferenciais não levem a que sujeitos em situação de desamparo social e discursivo sofram mais uma vez exclusão, "agora por parte daqueles que deveriam escutar o sujeito", diz Rosa.[6]

A transferência sustenta a palavra e possibilita a associação livre. Esta é a regra fundamental da psicanálise. E, quando as associações cessam, Freud orienta o olhar para a relação transferencial. Para Freud o tratamento é um caminho no qual há forças em conflito que resultam de lutas, conciliações, repressões, e a transferência é o método que faz possível atravessar esse caminho: "A resistência acompanha o tratamento, passo a passo. Cada associação isolada, cada ato da pessoa em tratamento tem de levar em conta a resistência e representa uma conciliação entre as forças que estão lutando no sentido do restabelecimento e as que se lhe opõem".[7]

---

5 ibid., p. 6.

6 Ibid.

7 Freud, S. (1980a). A dinâmica da transferência. In S. Freud, *Edição Standard*

Rosa fala do que se constitui como campo transferencial e que sustenta a fala e a escuta:

> *A* escuta clínica *implica que o analista suporte a transferência, ou seja, ocupe o lugar de suposto-saber – uma estratégia para que o sujeito, supondo que fala para quem sabe sobre ele, fale e possa escutar-se e apropriar-se de seu discurso. Esse campo permite uma relação que estrutura a produção do saber do sujeito, desde que o psicanalista renuncie ao domínio da situação e, pontuando e interpretando, possibilite a produção e efeitos de significação no sujeito: sujeito do desejo, engendrado pela cultura, mas que, em sua condição de dividido, pode transcender ao lugar em que é colocado e apontar na direção de seu desejo.*[8]

Se a transferência sustenta a escuta, a posição do psicanalista não é de observador, em uma relação externa ao dito. O dito e o não dito estão em interconexão com a escuta. Assim, o caso clínico não é a história individual de uma pessoa. O caso é um traço, uma marca, que (se) singulariza a partir da escuta no campo transferencial. É importante demarcar que o singular não é o indivíduo ou o individual, pois no singular está algo do coletivo, e isso possibilita recortar o coletivo e revelar algo do laço social.

Essa leitura também pode ser feita a partir dos casos clínicos de Freud. Em *História de uma neurose infantil*, a cena de sonho com os lobos em uma árvore recorta a escrita e a interpretação na

---

Brasileira das Obras Completas de Sigmund Freud (Vol. XII, p. 138). Imago. (Publicado originalmente em 1912).

8 Rosa, op. cit., p. 4, grifo do original.

construção do caso.[9] Na mesma direção, em *Notas sobre um caso de neurose obsessiva*,[10] Freud descreve fragmentos da análise:

> *Os aspectos principais de seu distúrbio eram medos de que algo pudesse acontecer a duas pessoas de quem ele gostava muito: seu pai e uma dama a quem admirava. Além disso, ele estava consciente de impulsos compulsivos . . . posteriormente criou proibições, às vezes em conexão com coisas um tanto sem importância.*[11]

O medo de que algo acontecesse às duas pessoas estimadas vai se relacionar a algo específico que remete a uma cena, a qual se conecta com a referência ao caso como Homem dos Ratos. O paciente narra a Freud uma cena de tortura que lhe fora contada, em que ratos eram introduzidos no ânus do torturado. Freud destaca a agitação do paciente durante o relato, mas, mais do que isso, a expressão deste: "Em todos os momentos importantes, enquanto me contava sua história, sua face assumiu uma expressão muito estranha e variada. Eu só podia interpretá-la como uma face de horror ao prazer todo seu do qual ele mesmo não estava ciente".[12]

Estes dois extratos ilustram a dimensão do traço que singulariza o caso. Lacan, em sua abordagem sobre Hamlet, justifica as articulações que realiza a partir dessa obra literária, tomando-a como referência:

---

9 Freud, S. (1980n). História de uma neurose infantil. In S. Freud, *Edição Standard Brasileira das Obras Completas de Sigmund Freud* (Vol. XVII). Imago. (Publicado originalmente em [1914]1918).

10 Freud, S. (1980s). Notas sobre um caso de neurose obsessiva. In S. Freud, *Edição Standard Brasileira das Obras Completas de Sigmund Freud* (Vol. X). Imago. (Publicado originalmente em 1909).

11 Ibid., p. 163.

12 Ibid., p. 171, grifos no original.

> *Algo nos prende imediatamente a partir das articulações que pusemos em valor. Sirvamo-nos dessas chaves. Foram feitas para nós em ocasiões muito particulares, mas isso não exclui que nos possam servir delas noutra altura. É uma das lições mais claras da experiência analítica – o particular é o que tem um valor mais universal.*[13]

A relação entre o singular e o coletivo possibilita um duplo movimento: a diferenciação entre massa e coletivo e entre indivíduo e singularidade. Nos casos clínicos, do Homem dos Lobos e do Homem dos Ratos, esse recorte se dá na dimensão do universal da teoria e a constitui. É nesta medida que é possível falar de um traço que constitui o caso. Estas formulações são feitas também a partir de *Psicologia de grupo e análise do eu*, em que Freud, ao demarcar que não há oposição entre psicologia individual e social, aponta que no indivíduo está o Outro:

> *Algo mais está invariavelmente envolvido na vida mental do indivíduo, como modelo, um objeto, um oponente . . . As relações de um indivíduo com os pais, com os irmão e irmãs, com o objeto de seu amor e com seu médico, na realidade, todas as relações que até o presente constituíram o principal tema da pesquisa psicanalítica, podem reivindicar serem consideradas como fenômenos sociais.*[14]

---

13 Lacan, J. (s. d.). *Shakespeare, Duras, Wedekind, Joyce* (E. Martinho, Trad.). Assírio & Alvim.

14 Freud, S. (1980v). Psicologia de grupo e análise do eu. In S. Freud, *Edição Standard Brasileira das Obras Completas de Sigmund Freud* (Vol. XVIII, p. 91). Imago. (Publicado originalmente em 1921).

Ao acompanhar o texto freudiano, podemos ver em que medida as formulações do autor nos mostram a diferença entre funcionamento de massa e fator numérico, destacando que o funcionamento de massa não depende da quantidade, pois, pela identificação ao líder, este é introjetado no lugar do ideal do eu: "Algo mais está invariavelmente envolvido na vida mental do indivíduo". E podemos ler que não há indivíduo fora do laço social. Neste ponto, as elaborações de Rosa são precisas quanto a esta diferenciação:

> *O sujeito não é o indivíduo justamente no ponto em que o singular de seu desejo escapa de uma conjuntura que busca determiná-lo e exercer seu poder no escuro das relações. Nesse ponto do laço social comparece a política que rege as relações sociais e em contraponto a ética e política da psicanálise.*[15]

A singularidade não é o individual também na dimensão em que ela recorta o território que se presentifica nas falas e corpos dos sujeitos. Não se trata de um indivíduo suspenso, abstrato, autônomo e independente dos laços; ele está inscrito no laço social e goza e sofre das marcas deste, é marcado pelo território. Território é espaço-tempo, não apenas em suas dimensões físicas, mas também em suas dimensões econômica, social, política, cultural, subjetiva e afetiva; lugar em que os sujeitos tecem sua vida; lugar historicizado, compartilhado.

No âmbito aqui abordado, o singular recorta e revela a dimensão sociopolítica do luto e, neste recorte, o caso singulariza e materializa o luto. Assim, longe de se constituir em fenômeno intrapsíquico, que se passa entre o indivíduo e seu objeto de amor,

15 Rosa, M. D. (2016). *A clínica psicanalítica em face da dimensão sociopolítica do sofrimento* (p. 22). Fapesp; Escuta.

isolado e abstraído das circunstâncias da morte, o luto é mediado por determinações econômicas, sociais, políticas, culturais e subjetivas. Quando falamos em entrar em luto, processo doloroso e penoso, voltamo-nos para a dimensão sociopolítica que pode negar a dor da perda e, neste ato, a obstaculização do movimento do afeto de dor e sua expressão, produzindo emudecimento e silenciamento do sujeito que, assim, é lançado a um sem tempo do luto, fora do espaço-tempo compartilhado, questão que Rosa aponta sobre a função dos rituais:

> *os ritos são a intervenção maciça de todo jogo simbólico que clama a memória dos mortos. O trabalho de luto realiza-se no coletivo, na comunidade, é uma satisfação dada ao que se produz de desordem em razão da insuficiência dos significantes para fazer face ao buraco criado na existência.*[16]

Nas semelhanças e diferenças que Freud traça sobre os processos que resultam no luto ou na melancolia, ao discutir o lugar psíquico das lutas de forças envolvidas, diz o autor:

> *No luto, também, os esforços para separar a libido são envidados nesse mesmo sistema (*Ics*); mas nele nada impede que esses processos sigam o caminho normal através do* Pcs *até a consciência. Esse caminho, devido talvez a um certo número de causas ou a uma combinação delas, está bloqueado para o trabalho na melancolia.*[17]

16 Ibid., p. 192.

17 Freud, S. (1980q). Luto e melancolia. In S. Freud, *Edição Standard Brasileira das Obras Completas de Sigmund Freud* (Vol. XIV, p. 290). Imago. (Publicado originalmente em [1915]1917).

No caso abordado neste livro, as hipóteses levaram a falar de um luto impedido, o impedimento associado ao que parte do campo social como negação da morte como perda, que impacta o sujeito e tem efeitos para o caminho que conduz ao trabalho do luto.

O que pude escutar dos casos clínicos que recortam este trabalho é que, em determinadas circunstâncias de morte, o luto sofre um impedimento social e, com este, a pessoa pesarosa não encontra disponível e não recebe as produções culturais e simbólicas para recobrir o corpo morto de seu objeto de amor. O rito ocidentalizado de velar o corpo é este processo de recobrimento. E, a depender do reconhecimento ou da negação que parte do campo social, há impactos para o luto, pois o sujeito pode permanecer proibido de nomear sua dor, condição em que não encontra lugar digno para o seu objeto e para seu luto. E, como dizem Abraham e Torok: "O luto indizível instala no interior do sujeito uma sepultura secreta".[18]

Na prática clínica em um serviço público de saúde, clínica pública, há vicissitudes que, pela minha experiência, estão para além do alcance das ações na clínica que se pratica no âmbito do consultório privado. Uma das diferenças se dá pela relação com o território, com o coletivo. Assim, o caso se torna interrogante do território, possibilitando, com as perguntas que produz, revelar dimensões do coletivo e do território, que estão articuladas ao sofrimento que se apresenta como individual. Este caminho possibilita explicitar um funcionamento coletivo e, com isto, orientar ações que ultrapassem o atendimento clínico individual ou em grupo e se dirigir ao território.

---

18 Abraham, N., & Torok, M. (1995). *A casca e o núcleo* (M. J. R. F. Coracinil, Trad.). Escuta.

Trazer casos da clínica praticada em uma instituição pública é uma forma de compartilhar uma experiência e escrever esta prática como clínico-política:

> *A prática clínico-política nesse âmbito relança as demandas institucionais, em geral focadas naqueles indivíduos que desorganizam ou atacam as normas institucionais. Estas são relançadas para diagnosticar, não o indivíduo, mas os laços sociais que atualizam os processos de exclusão em curso, e buscar reverter e inverter a direção das práticas de modo que permita a todos a elaboração e seu lugar na cena social. Desse modo permite detectar, sinalizar e intervir nas formas sutis de preconceitos - de classe, de raça ou de gênero - presentes nos mecanismos institucionais que se efetivam pelas práticas ditas científicas que fazem recair sobre indivíduos os acontecimentos, desvinculados da sua história pessoal, familiar, institucional, social e política.*[19]

A publicação de casos clínicos é uma questão abordada em diversos dos textos de Freud. Em *Fragmento da análise de um caso de histeria*, encontramos uma detalhada abordagem das implicações éticas da apresentação de casos clínicos. Nesse texto escrito em 1901 e publicado em 1905, Freud toma em questão as implicações de publicar o conteúdo de um tratamento psicanalítico; elenca problemas que podem ocorrer, apontando cuidados e preocupações que cercam a publicação do material, mas, a estes, sobrepõe os ganhos com a publicação para a saúde e para a ciência:

---

19 Rosa, M. D. (2016). *A clínica psicanalítica em face da dimensão sociopolítica do sofrimento*. Fapesp; Escuta.

> *Mas, na minha opinião, o médico assume deveres não só em relação ao paciente individual, mas também em relação à ciência; e seus deveres para com a ciência significam, em última análise, nada mais que seus deveres com os inúmeros outros pacientes que sofrem ou sofrerão um dia o mesmo mal. Assim, torna-se dever do médico publicar o que julga conhecer sobre as causas e a estrutura da histeria, e será vergonhosa covardia de sua parte deixar de fazê-lo, desde que possa evitar de produzir dano pessoal direto ao simples paciente em questão. Creio que tomei toda a precaução para impedir que meu paciente sofra qualquer dano dessa ordem. Escolhi um personagem cuja vida transcorre não em Viena, mas numa distante cidade provincial e cujas circunstâncias pessoais devem, portanto, ser praticamente desconhecidas em Viena.*[20]

No que se refere aos cuidados que visam garantir o sigilo, Freud aponta a importância dos seguintes fatores: o tempo decorrido desde o tratamento até sua publicação; a proteção de dados; a omissão de nomes ou a adoção de nomes fictícios.

> *Esperei quatro anos desde o fim do tratamento, e adiei a publicação até saber que se produziu na vida da paciente uma modificação de tal ordem que me permite supor que seu próprio interesse nas ocorrências e acontecimentos psicológicos que serão relatados aqui terá desaparecido. Desnecessário é dizer que não permiti a*

---

20 Freud, S. (1980m). Fragmento da análise de um caso de histeria. In S. Freud, *Edição Standard Brasileira das Obras Completas de Sigmund Freud* (Vol. VII, p. 6). Imago. (Publicado originalmente em [1901]1905).

> *permanência de nomes que pudessem dar alguma pista ao leitor leigo; e a publicação do caso numa revista puramente científica e técnica deve, ainda, proporcionar garantia contra leitores dessa espécie.*[21]

Anos depois, em 1923, Freud voltará a esta questão no mesmo texto e acrescentará uma nota de rodapé:

> *O problema do sigilo médico que examinei neste prefácio não se aplica às demais histórias clínicas contidas neste volume . . .; três delas foram publicadas com o consentimento expresso dos pacientes (ou melhor, no que concerne a Joãozinho, com o do seu pai), enquanto que no quarto caso (o de Schreber) o paciente da análise não foi efetivamente uma pessoa e sim um livro por ele escrito. No caso de Dora o sigilo foi mantido até este ano. Havia muito que me desligara dela.*[22]

Em *Psicopatologia da vida cotidiana*, o autor toma como exemplo para justificar sua teoria sobre determinações inconscientes de processos psíquicos, na discussão que faz sobre atos falhos, esquecimentos, ocorrências de números de forma arbitrária etc., a escolha do nome para apresentação de caso clínico. E aponta a implicação com os fenômenos investigados:

> *Em vias de preparar para publicação o caso clínico de uma das minhas pacientes, pensei em que nome próprio eu daria a ela no meu relato. Parecia haver uma escolha muito ampla; alguns nomes, sem dúvida,*

---

21 Ibid., p. 6.

22 Ibid., p. 11.

estavam excluídos desde o início – o nome verdadeiro dela em primeiro lugar, depois os nomes de membros da minha própria família, pois a estes eu faria objeções, e talvez mais alguns outros nomes femininos com som especialmente peculiar. Afora esses, porém, nada me impedia de encontrar um nome. Seria de se esperar – e eu mesmo esperava isso – que uma porção de nomes femininos estivessem à minha disposição. Em vez disso, um nome e apenas um me ocorreu – o nome "Dora".

Indaguei a mim mesmo como esse nome foi determinado. Quem mais se chamava Dora? Eu teria gostado de descartar incredulamente o próximo pensamento que me ocorreu – que era o nome da empregada de minha irmã; contudo, tenho tanta autodisciplina, ou tanta prática em fazer análises, que mantive a minha ideia com firmeza e deixei meus pensamentos seguirem avante a partir dela. Imediatamente veio-me à mente um incidente trivial da noite anterior que forneceu o determinante que eu procurava. Eu havia visto uma carta na mesa da sala de jantar de minha irmã, endereçada a "Fräulein Rosa W". Perguntei surpreso quem ali tinha esse nome, e me disseram que a jovem que eu conhecia por Dora na realidade se chamava Rosa, mas que ela tivera de abandonar seu nome verdadeiro ao aceitar o emprego na casa, já que minha irmã poderia ser confundida com "Rosa" por também ter esse nome. "Pobre gente", comentei com pena, "eles nem podem manter seus próprios nomes!" Depois disso, lembro-me agora, permaneci em silêncio por um momento e comecei a pensar em diversas questões graves que se perderam na obscuridade, mas que agora eu facilmente podia tornar conscientes. Quando no dia seguinte eu

> *procurava pelo nome de alguém que não podia conservar seu próprio nome, "Dora" foi o único que me ocorreu. Aqui a completa ausência de alternativa baseou-se numa sólida associação ligada com o conteúdo do assunto com que eu estava lidando: pois foi uma pessoa empregada na casa alheia, uma governanta, que exerceu uma influência decisiva na história de minha paciente, bem como no seguimento do tratamento.*[23]

Justifico a longa citação pela associação das questões tratadas pelo autor com as problemáticas aqui abordadas, alguém que não pode manter seu nome próprio, aspecto que faz pensar nos anonimatos das mortes. Quem sabe os nomes das pessoas mortas no massacre do Carandiru? Quem sabe o nome dos trabalhadores rurais sem terra assassinados em Eldorado dos Carajás? Onde se escrevem os nomes das crianças e adolescentes assassinados na Candelária? Contraditoriamente, são mortes com uma exposição midiática, mas que são silenciadas e têm seus nomes e rostos massificados.

Em maio de 2006, houve um dia de terror em São Paulo. Em suposta luta entre a ação estatal e o crime organizado, cerca de 500 pessoas foram assassinadas ou desapareceram, em sua maioria jovens moradores das periferias da cidade. Os familiares não tiveram respostas sobre os desaparecimentos e mortes, que seguem sem efetivas respostas, e suas circunstâncias constituem argumento suficiente e legítimo para o anonimato dos autores e responsabilizações. Familiares organizaram o movimento Mães de Maio.

---

23 Freud, S. (1980w). Psicopatologia da vida cotidiana. In S. Freud, *Edição Standard Brasileira das Obras Completas de Sigmund Freud* (Vol. VI, pp. 288-290). Imago. (Publicado originalmente em 1901).

Campo de articulações: saúde pública e coletiva e ações clínico-políticas

Nesta última unidade, apresento em pontos, passo a passo, uma experiência que, partindo dos espaços de escuta individuais e em grupo, ensejou ações que ganharam dimensão coletiva, dirigidas ao território, tendo a articulação de vários setores das políticas públicas e ações de coletivos do território como direção, com produção de textos e atividades. O objetivo é descrever uma experiência que, partindo da singularidade que constitui o caso, teceu um fazer coletivo.

A saúde coletiva é campo de saberes e práticas que compreende a saúde como processo socialmente determinado. Isto está expresso na Lei n. 8.080/90, que estabelece o Sistema Único de Saúde (SUS). A escuta clínica realizada no espaço de um serviço público de saúde articulada ao campo da saúde coletiva constituíram a direção dos casos e das ações que se dirigiram ao território, campo social e coletivo.

As indagações que a complexidade das situações que atravessavam o cotidiano da instituição colocava construíram direções clínico-políticas que, ao ultrapassar as paredes da unidade de saúde, produziram escutas e parcerias com instituições de várias áreas: educação, assistência social, organizações não governamentais (ONG), movimentos sociais e outros.

Este campo polissêmico, tanto teórico quanto de escutas, falas e vozes que constituem as especificidades dos setores das políticas públicas, ao se articular, pode criar ações que ultrapassem seus fazeres cotidianos e ajam no campo comum do território. Este movimento é de mão dupla, age no território e desde aí incide nos serviços, possibilitando que a delimitação de cada área não se constitua em isolamento e fragmentação, que, nestas condições, comumente são geradores de impotência e tendem a naturalizar realidades social e historicamente determinadas produtoras de sofrimento nos usuários dos serviços e nos profissionais.

Trabalho de articulação entre o singular e o território-campo social. Articulação entre um serviço de saúde e as demais áreas que atuam no mesmo território ou com a mesma temática, assim como entre práticas e campo teórico que sustentam essas práticas e, neste processo, ambos podem ser impactados e transformados. Muitas vozes e movimentos não lineares.

A partir das demandas, era possível observar questões e problemáticas que se forjavam na realidade da população, que ultrapassavam uma formação sintomática individual. Assim, a elevada demanda motivada por situações de violência indicava ter origem em uma problemática da região. E, dada a forma e o conteúdo, era possível observar o lugar de onde partiam e a ligação com outras instituições, como escolas e transportes coletivos. Também a elevadíssima demanda por atenção às crianças a partir de encaminhamentos escolares sinalizava esta dimensão coletiva, relacionada também com os funcionamentos institucionais.

Nesta perspectiva, a demanda é guia para o planejamento e para as propostas de ações a serem realizadas pelo serviço de saúde. É a partir do que é demandado ou do que se apresenta como problema que temos direção para as ações, que envolvem e articulam outros setores e podem complexificar as respostas da atenção. Estas são questões com as quais se tecem uma clínica praticada em um serviço público de saúde. Reflexão que é feita também com base nas análises que articulam subjetividade e campo sociocultural, de onde partem mensagens e significantes que atribuem lugares e posições sociais aos sujeitos:

> *[a análise de Freud] refere-se a construções de ideais, que articulam narcisismo e sociedade, e referências que articulam o sujeito no laço social, inserindo-o em todos os âmbitos da cena social. Indica que novas operações se processam no bojo dos enunciados sociais, operações de construção de lugares que indicam a qualidade de pertencimento e reconhecimento do sujeito como membro da sociedade e que dependem das formas, condições e estratégias oferecidas por esse grupo – trata-se de análise política de atribuição de lugares sociais.*[24]

Rosa, a partir da análise que faz sobre os efeitos dos laços sociais contemporâneos, acentuadamente de desamparo social e discursivo, que remetem amplos setores e grupos a viverem em condição traumática, aposta na escuta psicanalítica como reveladora da inconsistência de um campo social que se apresenta como completo, uniforme e intemporal. A escuta possibilita que o sujeito transgrida o "bom funcionamento" social e abra espaço para questionamentos e para a singularidade que lhe constitui:

> *A especificidade da escuta psicanalítica desse sujeito é levar em consideração o lugar que ocupa na lógica discursiva do mercado, ou seja, atentar para o lugar de resto que esse sujeito ocupa na estrutura social e a suspensão do sentido deste lugar, que o sustenta sob condição traumática. É importante não confundir esse lugar de resto na estrutura social com uma subjetivação da*

---

24 Rosa, M. D. (2004, set.). A pesquisa psicanalítica dos fenômenos sociais e políticos: metodologia e fundamentação teórica (p. 230). *Revista Mal-estar e Subjetividade*, 4(2), 329-348. http://pepsic.bvsalud.org/scielo.php?script=sci_arttext&pid=S1518-61482004000200008.

> *falta, que promove o desejo. A identificação do sujeito a este lugar de dejeto é um dos fatores que dificulta o seu posicionamento na trama de saber e que vai caracterizar o seu discurso, marcado, por vezes, pelo silenciamento. A escuta desses sujeitos pode tanto lhes propiciar dar andamento à articulação significantes, rompendo com identificações imaginárias, como contribuir para elucidar alguns dos efeitos subjetivos do "bom" funcionamento do sistema.*[25]

Em "O jovem e o adolescente na cena social: a relação identificação, ato e inserção no grupo social", a autora é enfática em suas análises e proposições, marcando uma direção de intervenção que se forje com base no reconhecimento do sofrimento psíquico, naquilo em que ele se constitui de elementos da exploração e da opressão socioeconômica. Neste sentido, as formulações de Rosa ocorrem em articulação do sujeito com o campo social – enlaçamento que importa ser reconhecido na produção de sofrimento como efeito da desigualdade. Nessa análise, há uma posição ético-política e tem consequências para uma prática que dê passos em uma direção emancipadora de amarras de servidão:

> *O campo social é um campo de forças e interesses antagônico, complexo e conflituoso... No entanto, ao se lidar com esse contexto, observam-se a fragmentação e a oposição entre discursos que se rivalizam pelo poder sobre a criança, o adolescente, a família; promovem-se, por vezes, relações inconscientes ou segmentam-se as práticas de intervenção social, seja no campo da saúde,*

25 Id., 2002, p. 46.

> *da educação ou no campo jurídico. O conhecimento sobre os indivíduos ignora o contexto de vida do jovem e impõe patologias, retirando do sujeito a efetividade de seu discurso e de sua denúncia.*
>
> *Os discursos e práticas sociais sobre as políticas referidas à juventude devem cuidar para não participar desse processo cientificista. Cuidar do sofrimento psíquico deslocado dos impactos do sofrimento social, da exploração social, cria uma série de distorções que possibilitam que políticas gestadas com objetivos progressistas sejam transformadas em práticas opressivas. E os discursos da saúde podem associar-se aos da justiça para calar o* pathos *do sujeito e garantir aparente bem-estar – neste caso, as práticas e discursos sociais tornam-se violentos.*[26]

A análise política que enfatiza a atribuição e ocupação de lugares sociais, a partir da qual é possível observar e interpretar o que é produzido pelos sujeitos como produto desta articulação, constitui a base do que Rosa denomina método clínico-político. Seguindo os passos de Freud, o método clínico-político tem como referência a teoria própria à psicanálise, seu método de investigação e sua terapêutica; no centro destas três dimensões, estão a associação livre e a escuta, sustentadas pela transferência.

---

26 Rosa, M. D. (2010, 31 mar.). O jovem e o adolescente na cena social: a relação identificação, ato e inserção no grupo social. In *Políticas Públicas em Debate. Seminário Juventudes: Presente e Devir* (p. 12). Fundap.

Intervenções intersetoriais: articular fazeres

As intervenções intersetoriais são tessituras relacionadas à compreensão do processo saúde-doença socialmente determinado e comparecem como uma das respostas possíveis a esta compreensão, fazer articulado e compartilhado. Com esta direção, duas funções se destacavam: escuta e articulação.

Aqui, procurarei descrever, de forma resumida, uma experiência clínico-política, que parte dos casos e se tece, coletivamente, no território em articulação com amplos setores da política pública. O trabalho de articulação dos setores, a partir de questões recortadas pelos casos, está regido pela compreensão do sofrimento relacionado ao campo social e se constitui em prática clínico-política.

No ritmo do funcionamento dos serviços de saúde e de outras áreas da política pública, é possível observar que os diversos setores geralmente desenvolvem suas ações sem conversar entre si, num cotidiano solitário que, muitas vezes, é enfrentado com desânimo e desesperança, o que, por vezes, tem efeito de paralisia dos profissionais.

A posição que procurava ocupar era de articulador/interlocutor, apostando na conversa entre os setores, o que colocava o esforço de escuta e reflexão sobre os impasses que invariavelmente surgiam e constituíam obstáculos para a continuidade do diálogo e da ação conjunta. Também as mudanças políticas macro e micro impactavam, criando empecilhos para os encontros e conversas.

Estar atentos a estes processos e tentar criar mecanismos de superação que não nos paralisassem a cada pedra no caminho era uma tarefa permanente. Fazia parte deste trabalho de articulação/interlocução: estar em contato com os setores, informar sobre encaminhamentos em cada reunião; escrever e compartilhar relatórios de cada atividade/reunião. O registro do que era conversado nas reuniões do setores, para além da importância de informar, criava história e memória.

Manter um canal de contato aberto para qualquer dos setores que nos procurasse, às vezes com um pedido de ajuda para alguma situação imediata, também fazia parte da direção tática e estratégica da intervenção. Neste caso, eram recebidas mais frequentemente solicitações das escolas e dos Conselhos Tutelares. Responder às solicitações se constituía em acolhimento para aflições que geralmente eram solitariamente enfrentadas. A continuidade dessa relação de parceria produzia mudanças no que e como se demandava. Por exemplo, no caso do Conselho Tutelar, houve redução dos encaminhamentos, e se constituíram espaços de acolhimento conjuntos, com critérios que estabeleciam prioridades e organização do fluxo dos atendimentos realizados.

Dos casos que se apresentavam individualmente, alguns levaram a questionamentos e necessidade de intervenção com envolvimento e parceria dos setores das políticas públicas. Ilustra essa situação o caso de uma criança de 9 anos: J. estava fora da escola e foi encaminhado pelo Conselho Tutelar. Na primeira entrevista, realizada com a mãe e a criança, a mãe conta a história de *fracasso* dos tratamentos pelos quais a criança havia passado. Nesta conversa, lista treze instituições, públicas e privadas, incluindo ONG e outras. Partindo de "a criança não tem jeito" passa-se a questionar e possibilitar diagnosticar não o indivíduo, mas o laço social.[27]

Com relação ao caso dessa criança, uma das ações apontou para a construção de um projeto que envolvia escola, serviço de saúde, assistência social. Nesta articulação, o lugar não é do indesejado que leva à exclusão, mas a oferta de um lugar de

27 Id., 2016.

pertencimento, tecido entre os setores e que possibilita sustentar investimentos.

As ações aqui pontuadas foram desenvolvidas no período de 2003 a 2004. Dois âmbitos de questões organizaram os eixos das intervenções: primeiro eixo, questões relacionadas a problemas de violência; segundo eixo, questões relacionadas à educação. Na direção das práticas que serão pontuadas como forma de demonstrar a dimensão coletiva das ações, está o que, com Rosa, denominamos método clínico-político. Apresento, na forma de uma fotografia, as ações:

Primeiro eixo: ações desencadeadas em resposta às questões da violência.

1. Primeiras questões: o fenômeno da violência se apresentava de forma intensa, produzindo níveis profundos de sofrimento, enredados na complexa trama da violência, apontando para vários âmbitos: o poder público, o crime organizado, a incidência direta na vida individual. Desta trama não se separam as condições de vida, e com estas os recursos de que os sujeitos dispõem para o enfrentamento da violência, que têm ampla e complexa dimensão, mas que recaem sobre os sujeitos como fenômeno individual.

2. Os casos clínicos: se constituíam em ponto de partida das ações que dialeticamente tinham efeito sobre a direção dos casos.

3. Reunião de equipe: espaço de compartilhamento dos casos e de abertura para ações que ultrapassassem o espaço do serviço e se dirigissem a um âmbito mais amplo, envolvendo os demais setores e instituições. Primeiros passos para articulação: carta-convite para os diversos setores com data de um encontro.

4. A primeira reunião entre os setores: cerca de vinte instituições de caráter público e privado compareceram. À apresentação de cada pessoa presente se seguiam relatos que se constituíam em compartilhamento do que até aquele momento viviam como realidade cotidiana, mas não se colocava a possibilidade de intervenção na realidade vivida. Ao finalizar esta primeira reunião, o que aparecia era o efeito da própria reunião em que o espaço para narrar e comentar vivências que continham aspectos comuns produzia cortes na solidão e na homogeneidade cotidianas. Ali, reconheceu-se a importância de dar continuidade àquele espaço. Os encontros passaram a ser regulares, numa periodização quinzenal, passaram a fazer parte do calendário do serviço e a ser considerados ação de saúde.

5. Constituição do Fórum Provisório pela Cultura da Paz: com a regularidade dos encontros, o grupo se nomeou Fórum Provisório pela Cultura da Paz e apontou para a construção de um seminário regional.

6. Lançamento do manifesto de constituição do Fórum Provisório: foi escrito um texto- manifesto, cujo título e conteúdo informavam da construção do Fórum Provisório. Este manifesto tinha um duplo objetivo: convidar a população para as reuniões do fórum e colocar em questão a situação de violência.

7. I Seminário Costurando a Rede: ações integradas no combate à violência. As reuniões passaram a ter como objetivo a construção do seminário.

8. No dia 26 de junho de 2003, realizamos o I Seminário Costurando a Rede: ações integradas no combate à violência. O local do seminário foi a subprefeitura da região. Mais de cem pessoas participaram desse seminário, no qual se

marcou como acontecimento a fundação do Fórum pela Cultura da Paz. Foi proposta a realização da Primeira Caminhada pela Vida na região.

9. A partir deste seminário, as reuniões se deslocaram da instituição de saúde para a subprefeitura da região. A mudança de lugar ampliava a dimensão política e conferia às ações o reconhecimento do poder público local.

10. Os encontros do fórum seguiam um calendário coletivamente estabelecido, que possibilitava sua regularidade. O fórum foi se constituindo em polo aglutinador dos diversos setores, dimensão que foi se ampliando. Com o andamento das atividades, as reuniões do fórum foram se estabelecendo em espaço de apoio e amparo para os profissionais e também um lugar de demanda ao qual as instituições públicas e não governamentais recorriam a fim de apresentar questões, o que levava à construção conjunta de propostas e de ações.

11. Preparação da Primeira Caminhada: cartazes, textos, visitas a escolas, conversa com movimentos populares... O símbolo da caminhada foi uma flor, estampada nos cartazes e materiais que convidavam para a participação e organização da caminhada. Junto com o símbolo da flor, a mensagem era: "Traga uma flor para seu ente querido morto" e "A vida tem que ser direito de todos". As frases foram fruto das reuniões e encontros do fórum.

12. Algumas escolas se engajaram na organização da caminhada e, de maneira pontual, alguns professores tomaram a iniciativa de abrir discussões sobre o tema. Uma das escolas fez um concurso de redação sobre a temática da violência; também alguns adolescentes estudantes de escolas da região aderiram ao processo de organização da caminhada.

13. Primeira Caminhada pela Vida: no dia 4 de dezembro de 2003, às 7 horas da manhã, em três pontos diferentes da região, as pessoas se encontraram e saíram em caminhada. O ponto final foi em uma praça central. O evento contou com um painel para exposição das redações. Um grupo de jovens ocupou o microfone para uma apresentação musical. Como finalização, foi realizado um ato ecumênico. Encerrando a atividade, flores foram plantadas na praça. Durante a caminhada e no ponto final dela, muitas pessoas tomaram o microfone e levantaram a voz para falar da situação da região, para falar de seus entes queridos e de suas perdas.

Segundo eixo: o recorte em torno de questões relacionadas à educação escolar.

1. Criação de uma rede de proteção: relacionada às questões escolares.

2. Grupo com educadores: espaço aberto à palavra, com encontro mensal, realizado na Unidade Básica de Saúde. Neste espaço, os profissionais da educação falavam das dificuldades e dilemas que enfrentavam em suas práticas. Espaço-tempo de conversa que também possibilitava aos educadores falar de casos que colocavam impasses no cotidiano de suas práticas, o que promovia trocas e compartilhar experiências que, por vezes, abriam novas perspectivas ou inciativas. Neste lugar, era possível romper e superar modos isolados e solitários que, nesta condição, produzem sofrimento e adoecimentos, silenciados por processos de medicalização, e com outra direção construir laços de solidariedade.

3. Filme e debates: espaço mensal de encontro aberto na Unidade Básica de Saúde. A partir dos encontros com os

profissionais de educação, foram se elaborando algumas propostas; uma delas foi a oferta de espaços de conversa voltados para adolescentes. A ideia era a de que o espaço de uma unidade básica de saúde podia promover conversas sobre temas variados e de interesse dos adolescentes da região. Assim, surgiu o projeto de projeção de filme com posterior espaço de debate.

4. Grupo de responsáveis: atividade pontual, com oito semanas de duração. A constituição destes grupos também surgiu como proposta dos encontros de educadores. Organizado na Unidade Básica de Saúde, constituiu-se em espaço aberto para receber as demandas das escolas da região. Formaram-se vários grupos, distribuídos em vários dias e horários. Foram organizadas duplas entre os profissionais de saúde e da educação para escutar os pais e responsáveis. Muitas histórias e desdobramentos foram se criando a partir desta experiência.

8. Considerações finais

O luto pelas mortes de jovens pobres, negros, moradores das periferias, assassinados anonimamente, cujas vidas não deixam marcas ou registro, constituiu o objeto das discussões aqui abordadas, questão que se apresentava pelo luto de suas mães como um *luto impedido*.

O impedimento relacionado ao silêncio, sintoma da proibição da palavra e do saber sobre a morte e sobre a perda e que remetia o sujeito a um lugar solitário em que a dor não pode ser chorada e, nesta dimensão, não passa. Um lugar sem tempo, configurando um eterno presente, sem passado e sem memória, indicando que é como insepulto que o corpo se mostra, dimensão de cadáver. O não tempo como lugar do *entre duas mortes*, como diz Lacan a respeito de onde Antígona se localizava até o cumprimento da sentença de ser emparedada viva:

> *A partir do momento em que ela transpõe a entrada da zona entre a vida e a morte, onde o que ela já tinha dito ser toma forma do lado de fora. Com efeito, há muito*

> *tempo que ela [Antígona] nos dissera que já estava no reino dos mortos, mas desta vez a coisa é consagrada no fato. Seu suplício vai consistir em ser trancada, suspensa, na zona entre a vida e a morte. Sem estar ainda morta, ela já está riscada do mundo dos vivos. E é somente a partir daí que se desenvolve sua queixa, ou seja, a lamentação da vida.*[1]

A discussão sobre o lugar do e para o luto foi abordada a partir das várias noções de lugar: psíquico, na dimensão em que, sem reconhecimento da perda, o corpo do enlutado se constitui em cripta, como dizem Abraham e Torok, guardando em silêncio o objeto de amor. Processo que impede o desligamento dos "Mil elos" que ligam o sujeito ao seu objeto de amor. Também lugar social, como a instituição de saúde e um território periférico.

Nesta dimensão, o corpo materno guarda em silêncio a morte e seu luto. O corpo se transforma em cripta, "sepultura secreta". São mulheres que sofrem silenciosamente e sufocadas, como se apresentava Flor, remetidas a um lugar de desamparo e solidão em que não há descanso.

Lacan, na discussão sobre a ética da psicanálise, pergunta: "Quem não é capaz de evocar *Antígona* em todo conflito que nos dilacera em nossa relação com uma lei que se apresenta em nome da comunidade como uma lei justa?".[2]

É este confronto dilacerante que as mães vivem ao ter que se defrontar com um funcionamento social, embora não escrito, que vige nas instituições públicas de segurança, que tem força de lei e

---

1 Lacan, J. (1997). *O seminário, livro 7: a ética da psicanálise (1959-1960)* (A. Quinet, Trad.; p. 339). Jorge Zahar Editor.

2 Ibid., p. 295.

que transforma a morte de seus filhos em mortes anônimas. Um funcionamento social em que as circunstâncias da morte anulam a condição de vítima: "Nunca acreditei na Justiça", diz Marilene Lima de Souza, 58 anos, pertencente ao grupo das Mães de Acari. Fala que revela que, para muitos, a lei não comparece como proteção e justiça, mas dilacera. São vidas que não recebem reconhecimento de importância, que não *valem* a pena, posto que são destituídas do valor atribuído pelo capital, num cálculo de tempo que transforma o tempo da vida em mercadoria.

Talvez, mais do que perguntar "qual o lugar do e para o luto", o que este livro expressa é a tentativa de dar um lugar para o luto, não como conformismo com mortes que são evitáveis, mas como uma forma de romper silêncios e poder lançar uma palavra para que outro a apanhe, movimento que pode tecer um amanhã,[3] tomando em referência as palavras do poeta. Rosa aponta que escutar o sujeito implica uma posição, que pode colocar o psicanalista como testemunha de algo não compartilhável, incomunicável, que silenciado lança o sujeito ao sem sentido do traumático. Assim, a escuta pode resgatar a palavra, recolocar o tempo e possibilitar o acontecimento como memória:

> *A escuta analítica é, desde Freud, transgressora em relação aos fundamentos da organização social; para se efetivar, implica um rompimento do laço que evita o confronto entre o conhecimento da situação social e o saber do outro como sujeito desejante. Dessa escuta – principalmente quando o sujeito se revela como tal, como um dizer – não se sai isento: uma tomada de posição ética e política torna-se necessária. As entrevistas ou situações que o psicanalista vai encontrar supõem*

3 "Tecer um amanhã", referência ao poema "Tecendo a manhã", de João Cabral.

> *que escute desse lugar que rompe as barreiras de um sujeito indicado a partir de seus predicados, sujeito psicológico ou sociológico, para resgatar a experiência compartilhada com o outro, escuta como testemunho e resgate da memória. O relato em si não basta, dado que pode ser apenas a repetição automática que se detém em atualizar o traumático. Também me refiro ao relato que parece feito para saciar a curiosidade do outro, que passa mais por uma exposição do sofrimento para o deleite do outro, ou da exibição pelo grotesco – como se vê, frequentemente, na televisão.*[4]

Esta é a condição da experiência para Benjamin, uma palavra que escapa ao sentido único: "Ela se assemelha a essas sementes de trigo que durante milhares de anos ficaram fechadas hermeticamente nas câmaras das pirâmides e que conservam até hoje suas forças germinativas".[5]

Também em *Introdução à psicanálise e às neuroses de guerra*,[6] Freud aponta o caráter transgressor da ética psicanalítica, que pode estar em desacordo com os interesses institucionais. Isto também afirma em *Análise terminável e interminável*, quando aponta o trabalho de analisar como um dos impossíveis:

---

4 Rosa, M. D. (2002). Uma escuta psicanalítica de Vidas Secas. *Textura: Revista de Psicanálise*, (2), 42-47.

5 Benjamin, W. (1994a). *O narrador. Considerações sobre a obra de Nikolai Leskov* (S. P. Rouanet, Trad.; 7ª ed.; p. 204). Brasiliense. (Publicado originalmente em 1936).

6 Freud, S. (1980p). Introdução à psicanálise e às neuroses de guerra. In S. Freud, *Edição Standard Brasileira das Obras Completas de Sigmund Freud* (Vol. XVII). Imago. (Publicado originalmente em 1919).

> *E, finalmente, não devemos esquecer que o relacionamento analítico se baseia no amor à verdade – isto é, no reconhecimento da realidade – e que isso exclui qualquer tipo de impostura ou engano.*
>
> *Detenhamo-nos aqui por um momento para garantir ao analista que ele conta com nossa sincera simpatia nas exigências muito rigorosas a que tem de atender no desempenho de suas atividades. Quase parece como se a análise fosse a terceira daquelas profissões "impossíveis" quanto às quais de antemão se pode estar seguro de chegar a resultados insatisfatórios. As outras duas, conhecidas há muito mais tempo, são a educação e o governo.*[7]

Lacan justifica sua escolha de abordar a ética em psicanálise por meio de *Antígona* pela dimensão da tragédia que está presente na experiência psicanalítica:

> *Antígona é uma tragédia, e a tragédia está presente no primeiro plano de nossa experiência, a dos analistas, como é manifesto nas referências que Freud – impelido pela necessidade dos bens oferecidos por seu conteúdo mítico – encontrou em Édipo, mas também em outras tragédias.*[8]

E Antígona luta para recobrir o corpo do irmão. Sepultar Polinices para que uma passagem possa ser feita, passagem dele para

---

7 Freud, S. (1980f). Análise terminável e interminável. In S. Freud, *Edição Standard Brasileira das Obras Completas de Sigmund Freud* (Vol. XXIII, p. 282). Imago. (Publicado originalmente em 1937).

8 Lacan, 1997, p. 296.

"outro mundo" e dela na medida em que possa cumprir seu luto e, neste, aceitar a transformação daí advinda:

> *É porque é a partir do momento em que as palavras e a linguagem e o significante entram em jogo que algo pode ser dito, que se diz como se fosse assim – Meu irmão, ele é tudo o que quiserdes, o criminoso, ele quis arruinar os muros da pátria, levar seus compatriotas em escravidão, ele conduziu os inimigos para os territórios da Cidade, mas enfim, ele é o que é, e o que está em questão é prestar-lhe as homenagens funerárias. Certamente não tem ele o mesmo direito do que o outro, vós podeis muito bem contar-me o que quiserdes, que um é o herói e o amigo, que o outro é o inimigo, mas eu respondo-vos que pouco me importa que isso não tenha o mesmo valor aqui em baixo. Para mim, essa ordem com a qual vós ousais intimidar-me não conta nada, pois, para mim, em todo caso, meu irmão.*[9]

Butler frisa que não há como permanecer o mesmo diante da radicalidade que constitui a perda de um objeto de amor.[10] É isto que escutamos de Flor e de Marilene Lima de Souza, que fala sobre a situação da morte de sua filha:

> *Quando a gente se organizou há 20 anos, o objetivo principal era achar nossos filhos. Não vou nem dizer para você que tínhamos a ilusão de que condenaríamos os culpados. Eu só queria saber o que realmente*

---

9 Ibid., p. 337.

10 Butler, J. (2009). *Vida precária: el poder del duelo y la violencia* (F. Rodriguez, Trad.). Paidós.

> *aconteceu com minha filha. É muito triste você não ter certeza de nada. A incerteza convive com a gente durante muitos anos. A esperança de um milagre, durante muitos anos, dormiu e acordou com a gente. Depois de 20 anos, eu te digo: o crime prescreve e eu não tive o direito de enterrar minha filha.*[11]

A morte necessita de registro, assim como a vida. E o luto é um trabalho de subjetivação da perda de uma posição conferida pelo laço libidinal com um objeto de amor registrado como perdido. Reconhecimento que dá lugar como pertencimento humano. Campo dos laços sociais onde se possam encontrar insígnias, palavras, símbolos para recobrir o corpo.

O luto, diz Butler, constitui-se em experiência radical com o outro, tarefa *terminável e interminável*. Nesta experiência só é possível contar a história de "quem sou" com a marca e a presença-ausência do objeto:

> *Quando perdemos a certas pessoas ou quando fomos despojados de um lugar ou de uma comunidade podemos simplesmente sentir que estamos passando por algo temporário, que o luto vai terminar e que vamos recuperar certo equilíbrio anterior. Mas talvez, à medida que passamos por isso, algo sobre quem somos nos seja revelado, algo que assinala os laços que nos unem ao outro, que nos ensina que esses laços constituem quem somos, os laços ou nós que nos constituem. Não é como se um "eu" existisse independentemente por aqui e que simplesmente perdesse um "tu" ali, especialmente se o vínculo com esse "tu" fizer parte do que constitui*

11 Ver Anexo A neste volume.

> *meu "eu". Se nessas condições eu te perdesse, o que me dói não é só a perda, mas também tornar-me inescrutável para mim. Que "sou", sem ti? Quando perdemos alguns destes laços que nos constituem, não sabemos quem somos nem o que fazer. Em um nível, descubro que perdi a "ti" apenas para descobrir que "eu" também desapareci. Em outro nível, talvez o que perdi "em ti", isso para o que não tenho palavras, seja uma relação não constituída exclusivamente nem por mim nem por ti, porém será concebido como o elo pelo qual esses termos se diferenciam e se relacionam.*[12]

Nos caminhos trilhados neste trabalho, apreendemos o luto como experiência humana radical e singular - experiência que, para alguns, sofre proibição, impedimento de saber de sua perda e do laço de amor com o objeto. Nesta condição, o enlutado corre o risco de ficar aprisionado em uma mensagem, que provém do campo social, desqualificando e degradando o objeto, uma mensagem que pode agir como proibição do amor.

Estas questões apontam para o caráter social e político irredutível do luto, isto é, o luto não se realiza em um processo privado e individual, mas se inscreve nos laços sociais e destes depende.

O *objeto de amor* perdido na realidade exterior habita-nos como presença, podendo lançar o sujeito ao eterno presente, sem memória e sem futuro, em que o tempo não passa, constituindo uma temporalidade fora do espaço-tempo compartilhado. O lugar que o objeto ocupa na vida psíquica é sobredeterminado, dependente da história e de suas circunstâncias, diversidade de elementos que estão na constituição da vida psíquica. O lugar ocupado

12 Butler, op. cit., p. 48.

pelo objeto de amor depois de morto, como aponta Freud, implica um reconhecimento da perda sofrida, o que mostra sua articulação com o laço social. Com este saber da perda está correlacionada a vicissitude do processo que se seguirá: luto ou melancolia. E, no âmbito das discussões aqui empreendidas, a questão que se colocou foi a de um impedimento do luto. Impedimento que se faz significante, revelado pelos sintomas que mostravam de onde e com que material tinham se constituído: palavras de ordenamento às quais o sujeito respondeu com (des)obediência-resistência.

O caso clínico possibilitou indagar sobre a força que a palavra de autoridade e o lugar de onde foi proferida assumiam, destituindo o sujeito de sua posição de saber e de seu luto. Assim, a palavra de um policial no interior de uma instituição pública de segurança funcionava como atribuição de um lugar de exclusão do campo da lei, do direito, configurando o que Rosa trabalha sobre a dimensão do traumático, o que implica um tempo:

> *Levar em consideração o lugar que ocupa no discurso social é a especificidade na escuta clínica desse sujeito, mais precisamente na lógica discursiva do mercado, ou seja, atentar para quando esse sujeito ocupa lugar de* resto *na estrutura social que promove a condição traumática do sujeito. A identificação do sujeito a esse lugar de dejeto é um dos fatores que dificulta o seu posicionamento na trama de saber e que vai caracterizar o seu discurso, marcado, por vezes, pelo silenciamento. Ética e politicamente é fundamental não confundir o lugar de* resto *no discurso social com uma subjetividade da falta, que promove o desejo. A escuta desses sujeitos pode tanto lhes propiciar dar andamento à articulação dos significantes, rompendo com identificações imaginárias,*

> *como contribuir para elucidar alguns dos efeitos subjetivos do "bom" funcionamento do sistema.*[13]

Ao abordar a prática psicanalítica nestes contextos marcados por violência social e simbólica, Rosa destaca que há estratégia para as intervenções, possibilitando que o sujeito não se confunda com as injunções de um outro que se apresenta consistente:

> *A direção de nossa escuta visa a que o sujeito não se equivoque nos artifícios do poder nem tome o discurso social como um campo simbólico que recobre por inteiro o real, sem espaço para enigma. É fundamental escutar e incidir na separação entre o enredamento da alienação estrutural ao discurso como linguagem e as artimanhas do poder. Esse enredamento nos processos de constituição e de destituição do sujeito pode ser elucidado pela via da historicização dos laços sociais em dados grupos sociais, o que se dá pelo resgate da memória na e pela experiência compartilhada, o que a psicanálise contribui.*[14]

Nesta direção, no campo da clínica, o trabalho foi o de intervir a fim de possibilitar uma desidentificação com a palavra que se apresenta consistente e que enuncia uma verdade sobre o sujeito, lançando questionamento sobre esta em um movimento que possibilitava destituí-la do lugar de verdade e de saber.

No caso Flor, retomar sua trama de saber, possibilitava-lhe rememorar sua história e a de seu filho, fazendo com que ele surgisse

13 Rosa, M. D. (2016). *A clínica psicanalítica em face da dimensão sociopolítica do sofrimento* (p. 45). Fapesp; Escuta. Grifo no original.

14 Ibid., p. 29

como objeto digno de amor e sua ausência pudesse ser contada como fazendo falta em Flor. Assim, não era do lugar de insepulto, condição *unheimlich*, que o filho comparecia, o que impedia o choro, seu saber e dizer a sua dor, sua perda.

O que se colocou, no espaço das discussões aqui desenvolvidas, foi uma dimensão de impedimento que partiu do campo social. Em sua *Conferência XVIII, Fixação em traumas: o inconsciente*, Freud, distinguindo fixação e neurose, dá como exemplo o que se passa no luto, em que ocorre o que ele define como uma "mais completa alienação do presente e do futuro". O sujeito se fixaria em um outro tempo:

> *Um perfeito modelo de fixação afetiva em algo que é do passado, é o que se nos apresenta no luto, que realmente envolve a mais completa alienação do presente e do futuro. Mesmo o julgamento de um leigo, contudo, distinguirá com nitidez entre luto e neurose. Existem, por outro lado, neuroses que podem ser descritas como forma patológica de luto.*
>
> *Também pode acontecer que uma pessoa seja levada a uma parada tão completa, devido a um acontecimento traumático que estremece os alicerces de sua vida, a ponto de abandonar o interesse pelo presente e pelo futuro e manter-se permanentemente absorvida na construção mental no passado. Uma pessoa assim desafortunada, porém, não se torna, por isso, neurótica. Não atribuímos, portanto, demasiado valor a este único aspecto ao caracterizar a neurose, embora ele esteja regularmente presente e possa ser geralmente importante.*[15]

15 Freud, S. (1980k). Conferência XVIII: fixação em traumas – o inconsciente. In

O caso clínico aqui apresentado, ao ser abordado como um luto impedido, impedimento constituído no laço social, apontava também para uma intervenção no campo sociossimbólico, abrindo espaço para a palavra, desobedecendo a ordem de silêncio. Falar sobre o que acontecia naquele território, sobre como situações de violência, com a morte de jovens, se constituíam em realidade cotidiana e se presentificavam nos diversos espaços das políticas públicas, desnormalizava e desnaturalizava o vivido, também possibilitando que a resposta não fosse a impotência, o silêncio, mas a criação coletiva de ações. Falar, portanto, possibilitava sair do isolamento e criar intervenções. Ações dirigidas ao território e que tomaram a morte de jovens com tristeza, com lamento, com denúncia. O ato ecumênico realizado em praça pública alçou vozes e significantes, rompendo silenciamentos, transformando a perda em uma perda coletiva, dita e escutada no espaço da praça, lugar público do território, uma dimensão de luto coletivo. Reconhecer a perda, acolher o luto publicamente, neste espaço público, podia deixar uma marca – a de algo que implicava a todos, comunidade, familiares, profissionais das diversas áreas e poder público, rompendo o silêncio e a negação da perda, convocando a todos a saber sobre sua posição diante da morte violenta de jovens.

As questões aqui abordadas partiram e se voltaram para o que do caso implica o coletivo, ao mesmo tempo que o recorta e constitui sua dimensão singular. O singular do caso é este traço que revela algo do laço social. O sintoma, assim, nomeia algo do laço. Estas questões já estão em Freud e são trabalhadas por muitos autores. O que aqui se constituiu foi um recorte, talvez singular, uma experiência e um modo de praticar a clínica no espaço público de saúde.

S. Freud, *Edição Standard Brasileira das Obras Completas de Sigmund Freud* (Vol. XVI, pp. 326-327). Imago. (Publicado originalmente em [1916]1917).

Notas

* Segundo Rosa, o sintoma social, conceituação criada por Jacques Lacan, obedeceu a um movimento paulatino até assumir forma mais caracterizada em *O seminário, livro 17: o avesso da psicanálise*, seminários proferidos entre 1969 e 1970:

> *O termo sintoma social é polêmico e utilizado de modos diferentes entre os autores. Melman (1992) considera que o sintoma social pode ser concebido como aquilo que está inscrito nas entrelinhas do discurso dominante de uma sociedade em dada época. Octavio Souza (1991) o considera como aquele que é sustentado por uma fantasia através da qual se denota o modo como os sujeitos controlam os ideais, buscando manter distante a castração. É sintoma social, uma vez que, apesar de a fantasia ser a mesma, os sujeitos ocupam vários lugares em sua estruturação. Jorge Volnovich (1993) não adjetiva o sintoma como social, mas destaca seu estatuto de mensagem da conflitiva individual,*

> *familiar e sócio-política-institucional, mostrando como o sintoma tende a tomar a forma da cultura a que pertence; sintomas refletem uma organização subjetiva que contém uma mensagem e sinaliza processos sociais e particulares de sua forma de advir como sujeito.*[1]

Kehl também nos apresenta uma delimitação sobre o que considera sintoma social e ao que se refere quando adota seu uso. Em uma abordagem muita próxima da encontrada em Rosa, a autora compreende por sintoma social o que produz mal-estar por quebrar a harmonia discursiva:

> *A depressão é sintoma social porque desfaz, lenta e silenciosamente, a teia de sentidos e de crenças que sustenta e ordena a vida social desta primeira metade do século XIX. Por isso mesmo, os depressivos, além de se sentirem na contramão de seu tempo, veem sua solidão agravar-se em função do desprestígio social de sua tristeza. . . .*
>
> *A depressão entre os adolescentes é a mais inconveniente expressão do mal-estar psíquico. Ela "desafina o coro dos contentes": nisso consiste seu caráter de sintoma social.*
>
> *Tomo a expressão sintoma social, em primeiro lugar, para designar o sintoma, ou a estrutura clínica, que se encontra em tal desacordo com a normatividade*

---

1 Rosa, M. D. (2004, set.). A pesquisa psicanalítica dos fenômenos sociais e políticos: metodologia e fundamentação teórica. *Revista Mal-estar e Subjetividade*, *4*(2), 339. http://pepsic.bvsalud.org/scielo.php?script=sci_arttext&pid=S1518-61482004000200008.

> *social que acaba por denunciar as condições do discurso do mestre.*[2]

** As referências em alguns espaços midiáticos, assim como a observação do tratamento dado na grande imprensa aos casos de mortes de jovens, os quais justificam as mortes como consequência de supostos crimes cometidos, possibilitam identificar critérios de classe, local de moradia e étnico-racial que motiva a ação policial. No momento da escrita deste texto, uma edição da revista *Carta Capital* traz a seguinte matéria: "Tragédia sem fantasia – O carnaval vai de novo celebrar a 'união das raças', mas não se iluda: nunca foi tão profundo o fosso entre a segurança de brancos e negros. De cada três assassinados, dois tem a pele preta". E a reportagem segue apresentando os seguintes dados: "Em 2002, foram assassinados 46% mais negros que brancos. Em 2008, a porcentagem atingiu 103%. Ou, em outras palavras, para cada três mortos, dois tinham a pele escura. Quem maneja os dados preliminares de 2009 diz que a situação piorou ainda mais. Não bastassem os crescentes investimentos em segurança pública feitos pelos estados e União parecerem ter beneficiado, como de costume, a "elite branca", como definiu o ex-governador de São Paulo Cláudio Lembo. Entre 2002 e 2008, o número de brancos assassinados caiu 22,3%. A morte de negros cresceu em proporção semelhante: os índices foram 20% maiores, em média. Em algumas unidades da federação, os números se aproximam de características de extermínio: na Paraíba, campeã dessa triste estatística, são mortos 1.083% (isso mesmo) mais negros que brancos. Em Alagoas 974% mais" (Menes, 2011, 9 mar.). Ecos da escravidão – Violência – Nunca o fosso entre a segurança de brancos e negros foi tão grande no Brasil. Enquanto

---

2 Kehl, M. R. (2009). *O tempo e o cão: a atualidade das depressões* (pp. 22-23). Boitempo.

o número de assassinatos de um cai, o dos outros segue em alta. *Carta Capital, XVI*(636), 24-25. Os dados apresentados pela reportagem caminham em acordo com o que pode ser observado em consulta ao site do Programa de Aprimoramento das Informações de Mortalidade no Município de São Paulo (PRO-AIM): "Em todos os grupos prevaleceram os óbitos do sexo masculino, sendo que a maior proporção ocorreu entre pardos. As proporções de mortes precoces (< 50 anos) foram maiores nas categorias parda (55%), preta (42%) e indígena (35%). Em contraposição, na raça/cor amarela, 86% das mortes eram do grupo acima de 50 anos, sendo 67% após os 65 anos. Buscando uma correlação entre variáveis sociais com a raça/cor, observou-se que a maior proporção de óbitos de pessoas sem instrução ocorreu na categoria parda. As maiores proporções de óbitos de trabalhadores nos serviços pessoais, na produção industrial, nos transportes e braçais foram observados entre pardos e pretos, enquanto as maiores proporções de falecidos com grau de instrução superior, em profissões técnicas/científicas, em cargos de chefia e de gerência e no comércio ocorreram nas categorias amarela e branca. Em relação à região de moradia, observou-se que menos de 9% de falecidos de cor parda ou preta residiam em distritos considerados incluídos socialmente, segundo o mapa da exclusão-inclusão social da cidade realizado sob a coordenação do Núcleo de Seguridade Social da PUC. Entre amarelos e brancos, 30% e 24%, respectivamente, dos falecidos residiam em áreas incluídas. Comparando o perfil de mortalidade das diferentes categorias, observou-se que nos grupos de cor amarela e branca a principal causa de morte foram as doenças isquêmicas do coração, enquanto entre indígenas, pardos e pretos predominaram os homicídios". São Paulo (Prefeitura). (2000, 3º trimestre). Variável raça/cor e mortalidade no município de São Paulo. *Boletim PRO-AIM*, (41). http://www.prefeitura.sp.gov.br/cidade/secretarias/saude/publicacoes/index.php?p=8345.

‡ Marx, ao analisar o modo de produção capitalista, se volta para o que atribuiria valor às mercadorias, visto que elas se constituem de trabalho abstrato e, portanto, de trabalho indiferenciado em suas qualidades, encontra no tempo a medida do valor. O modo de ser quantitativo do movimento é o tempo:

> *importa saber antes qual é o modo de ser quantitativo daquele trabalho, porque as diferenças de grandeza das mercadorias como valores de troca são apenas diferenças de grandeza de trabalho objetivado nelas. Já que o modo de ser quantitativo do movimento é o tempo, assim o modo de ser quantitativo do trabalho é o tempo de trabalho. Pressupondo sua qualidade como dada, a única diferenciação de que é suscetível é a diversidade de sua própria duração. Como tempo de trabalho, obtém seu padrão de medida nas unidades naturais do tempo: hora, dia semana etc. Tempo de trabalho é o modo vivo de ser do trabalho, indiferente à sua forma, ao seu conteúdo, à sua individualidade; é o seu modo vivo de ser como quantidade, ao mesmo tempo que é sua medida imanente. O tempo de trabalho objetivado nos valores de uso das mercadorias é tão exatamente a substância que os torna valores de troca, e daí mercadorias, como também mede sua grandeza determinada de valor.*[3]

§

> *Palavra introduzida por Sigmund Freud, em 1986, para designar um processo de reorganização ou reinscrição*

3 Marx, K. (1999). *O capital, livro primeiro* (Os Pensadores). Nova Cultural. (Publicado originalmente em 1867).

pelo qual os acontecimentos traumáticos adquirem significação para o sujeito apenas num a posteriori, isto é, num contexto histórico e subjetivo posterior, que lhes confere uma nova significação. No Brasil também se usa "só-depois".

Este termo resume o conjunto da concepção freudiana da temporalidade, segundo a qual o sujeito constitui seu passado, reconstruindo-o em funções de um futuro ou de um projeto.[4]

*** A concepção de tempo histórico, como é construída por Walter Benjamin, se não podemos dizer que tem identidade com a noção de temporalidade da psicanálise, a ela não se contrapõe.

A noção de tempo na obra de Freud aparece em vários momentos, expressamente ou de forma que podemos apreender um tempo nela implicado. Assim, podemos citar *A interpretação dos sonhos*;[5] *Psicopatologia da vida cotidiana*,[6] na qual trata de memória; *Recordar, repetir e elaborar* (1914); *Análise terminável e interminável* (1937), e expressamente podemos encontrar referências ao tempo em *Além do princípio do prazer*.[7] Deste último texto, depreendemos um tempo quando Freud se lança e nos lança na problematização do suposto predomínio do princípio de prazer. E podemos dizer

---

4 Roudinesco, E., & Plon, M. (1998). *Dicionário de psicanálise* (V. Ribeiro & L. Magalhães, Trad.). Jorge Zahar Editor. Grifo no original.

5 Freud, S. (1980b). A interpretação dos sonhos. In S. Freud, *Edição Standard Brasileira das Obras Completas de Sigmund Freud* (Vol. V). Imago. (Publicado originalmente em [1899]1900).

6 Freud, S. (1980w). Psicopatologia da vida cotidiana. In S. Freud, *Edição Standard Brasileira das Obras Completas de Sigmund Freud* (Vol. VI). Imago. (Publicado originalmente em 1901).

7 Freud, S. (1980c). Além do princípio do prazer. In S. Freud, *Edição Standard Brasileira das Obras Completas de Sigmund Freud* (Vol. XVIII). Imago. (Publicado originalmente em 1920).

que no impedimento do princípio de prazer, que Freud reconhece como um além do princípio de prazer, está um tempo. Sob o risco de cairmos em um reducionismo, podemos dizer que a noção de movimento como a lemos a seguir na letra freudiana está associada ao princípio de prazer, ao qual se contrapõe a constância, a inércia, o mesmo da pulsão de morte. Assim, compreendemos que a pulsão de morte está no impedimento do movimento. Neste sentido, podemos depreender daí uma temporalidade:

> *Na teoria da psicanálise não hesitamos em supor que o curso tomado pelos eventos mentais está automaticamente regulado pelo princípio do prazer, ou seja, acreditamos que o curso desses eventos é invariavelmente colocado em movimento por uma tensão desagradável e que toma uma direção tal, que seu resultado final coincide com uma redução dessa tensão, isto é, com uma evitação de desprazer ou uma produção de prazer.*[8]

É certo que Freud nos diz neste mesmo texto que o tempo cronológico não vige no inconsciente. O tempo não conta como regularidade sincrônica para o inconsciente. Mas, quando contrapomos o tempo do princípio de prazer ao tempo do além do princípio de prazer, estamos considerando o movimento e o impedimento deste: "Aprendemos que os processos mentais inconscientes são, em si mesmos, 'intemporais'. Isso significa, em primeiro lugar, que não são ordenados temporalmente, que o tempo de modo algum os altera e que a ideia de tempo não lhes pode ser aplicada".[9]

8 Ibid., p. 17.
9 Ibid., pp. 43-44.

††

A carne

A carne mais barata do mercado
É a carne negra
(Tá ligado que não é fácil, né, mano?)
Se liga aí
A carne mais barata do mercado é a carne negra
A carne mais barata do mercado é a carne negra
A carne mais barata do mercado é a carne negra
A carne mais barata do mercado é a carne negra
(Só-só cego não vê)
Que vai de graça pro presídio
E para debaixo do plástico
E vai de graça pro subemprego
E pros hospitais psiquiátricos
A carne mais barata do mercado é a carne negra
(Dizem por aí)[10]

‡‡ Significado de valor

O que é Valor:
Valor é um substantivo masculino que dependendo do contexto pode ter diferentes acepções:

10 Fonte: Musixmatch. Compositores: Jorge Mario da Silva, Pedro Aznar, Marcelo Fontes do N. V. de Santana, Ulisses Cappelletti Tassano.

> *Valor é a qualidade atribuída a quem tem talento, prestígio, competência, virtude, mérito ou merecimento intrínseco.*
>
> *Valor é uma qualidade conferida a quem tem bravura, coragem e valentia.*
>
> *No sentido figurado, valor é a importância dada a quem se tem estima, afeto, apreço e consideração.*
>
> *Valor é o preço, o custo, o montante, a estimativa em dinheiro de alguma coisa. É o equivalente justo em dinheiro do que se pode ser comprado ou vendido. É o preço de mercado. É o papel representativo do dinheiro. A expressão "de valor" é usada como referência àquilo que tem preço elevado.*
>
> *Valor, em Economia Política, é a relação entre a intensidade das necessidades econômicas do homem e as quantidades de bens disponíveis para satisfazê-las.*[11]

§§ Também encontramos:

> *VALOR – veio do Latim valor, "riqueza, valor", da mesma origem de* valere, *"apresentar boa saúde, ser forte".*
>
> *Os romanos se cumprimentavam muitas vezes dizendo Si bene vales, valeo: "Se estás bem, eu também".*
>
> *Um sinônimo é valentia, de mesma origem.*
>
> *Passou a apresentar o significado de "coragem" a partir dos fins do século XVI, através do Italiano valore.*

11 Valor. (s. d.). In *Enciclopédia Significados*. https://www.significados.com.br/valor/.

> *DESTEMOR – descreve a coragem através do seu oposto. Forma-se por des-, com significado de "oposto", mais "temor", que vem, do Latim timor, "receio, medo". Ou seja, é a qualidade daquele que não teme.*
>
> *DESASSOMBRO – da mesma maneira que aqui acima se construiu esta palavra, mas usando "assombro", que vem de "sombra", que vem do Latim* umbra, *"escuridão, sombra".*
>
> *Não é normal a gente ter medo do escuro quando é criança?*
>
> *Na idade adulta também, só que a gente não pode confessar.*[12]

É importante observar que a noção de valor se associa à de valentia e assombro, que deriva de sombra. O trabalho de Paula Cristina Monteiro de Barros, "*Vê se me desembaça*"*: do apelo à demanda de crianças e adolescentes em situação e rua*, contribui para reflexões sobre dimensões e efeitos relacionados à última acepção. Pois a noção de assombrar, relacionada a estar na sombra, ao que os adolescentes falam sobre estar "embaçado", isto é, não reconhecido...[13]

---

12 Coragem. (2024). In *Origem da palavra*. https://origemdapalavra.com.br/artigo/coragem/.

13 Barros, P. C. M. de. (2009). "*Vê se me desembaça*"*: do apelo à demanda de crianças e adolescentes em situação de rua* [Dissertação de mestrado, Universidade Católica de Pernambuco].

Posfácio

Ana Gebrim

De quem a Palestina é o nome?

Fazer viver os mortos é tema dos vivos. Não deixar morrer os vivos é assunto que compete também ao que esses mesmos vivos fazem da morte. Cuidar dos mortos, portanto, é a garantia que os vivos têm de que seus mortos não desapareçam de fato.

Começo evocando uma imagem, tentarei descrevê-la: do alto, uma mulher carrega no colo seu filho pequeno enrolado em um lençol branco. Ele está morto. Não vemos nada da criança, seu corpo está todo coberto pelo lençol, de cima a baixo. Ela carrega nos braços seu filho, morto. Agora são várias mulheres, elas usam véu, são mulheres palestinas, muçulmanas, algumas estão ajoelhadas no chão chorando sobre os corpos de seus filhos enrolados nos lençóis brancos, repousados no chão, um ao lado do outro. Outras carregam seus filhos nos braços. Elas choram seus mortos e fazem ali um funeral possível em meio ao massacre[1] em curso. Em

1 Este texto foi escrito em janeiro de 2024, e aqui me refiro ao massacre produzido pelas forças armadas israelenses em Gaza desde outubro de 2023.

alguns dos lençóis brancos vemos o nome da pessoa morta escrito em árabe.

Desde a tela do celular, todos os que assistem à cena se tornam espectadores de um funeral.[2] Ou seria precisamente essa a possibilidade de que haja um funeral? Quero dizer, mostrar a dor ou então, simplesmente, mostrar seus mortos. Tratemos de pensar um conjunto de questões a partir disso.

Susan Sontag escreveu brilhantemente sobre um tema vizinho.[3] Diante da dor dos outros, quando expostos por tempo demais, tornamo-nos, frequentemente, insensíveis. Anestesiamo-nos, como medida protetiva, em relação àquilo que é o excesso de ver demasiadamente a dor do outro. Destituir o outro de alteridade não deixa de ser um recurso possível. Segundo Sontag, em outras palavras, costumamos tratar com discrição a dor que nos é íntima e relegamos a uma obscenidade mórbida, quase pornográfica, as dores alheias. Daí que o afã em ver demais – "tá lá o corpo estendido no chão", como na música de Aldir Blanc e João Bosco – é diametralmente oposto à reserva em expor os corpos tidos como semelhantes. Por isso, sustenta a autora, nenhum corpo morto ou injuriado no evento do 11 de setembro em Nova York jamais foi mostrado. Os corpos em dor mostráveis ou não são os mesmos que são matáveis ou não, ou, ainda, os que são enlutáveis ou não, poderíamos dizer.

---

2 Entretanto, trata-se de um funeral em massa e, pela velocidade das transmissões, acompanhamos simultaneamente, por vezes, essa cena ou também as que a precedem: o corpo morto ainda sem ter sido envolvido no lençol, as mães em desespero ao encontrarem os filhos mortos. Talvez pela primeira vez, vemos de tão perto o horror televisionado em caráter simultâneo. As imagens da catástrofe são transmitidas ao vivo e por milhares de ângulos distintos.

3 Sontag, S. (2003). *Diante da dor dos outros*. Companhia das Letras.

Os corpos matáveis, quase sempre os não brancos, dos países do Sul global, mas também os das mulheres e das pessoas não heterossexuais e cisgêneros, igualmente são os excessivamente mostrados em dor e, por isso, impedidos de luto. Sobre eles, quase sempre, paira a suspeita.

Há mais de oito décadas, o povo palestino vive sistematicamente um processo complexo de necropolítica.[4] Repito, vive, ainda, a despeito da morte. Poderia me demorar aqui enumerando e historicizando as distintas modalidades de apagamento, deslocamento forçado, desmobilização, destruição e desumanização de um povo.

Desde que o Estado de Israel se constituiu e se desenvolveu a partir também da criação de seu próprio outro, a Palestina se tornou um lugar sem lugar, ou um não lugar para os sem-lugares. Assim também é a história de muitos Estados-nações na modernidade. Israel está longe de ser o primeiro, mas talvez seja um dos mais recentes, oxalá o último. Quero dizer que a modernidade logrou em parte seu projeto de constituir espacialidade e identidade por meio da fronteira que elimina seu próprio outro para os limites do não reconhecimento. Digo em parte porque a disputa está dada e a tensão é permanente. Assim é a luta por libertação nacional de muitos povos originários ou subalternizados por Estados-nações.

Se a violência estatal de Israel nas últimas décadas encontra justificativa, ela é sempre ancorada em discursos que se valem da desumanização sistemática de palestinos. Edward Said costumava contar a seguinte anedota, que durante algum tempo foi reproduzida com frequência nas rádios libanesas, razão pela qual era corrente entre os palestinos. Trata-se do interrogatório de um palestino

---

4 Não nos esqueçamos de que Achille Mbembe, ao conceitualizar necropolítica, utiliza justamente o exemplo de Gaza. Mbembe, A. (2018). *Necropolítica*. N-1 Edições.

por um soldado das Forças de Defesa Israelenses (IDF) para uma rádio israelense:

> Soldado IDF: Seu nome?
>
> Palestino: Meu nome é Ahmad.
>
> Soldado IDF: Seu nome de guerra?
>
> Palestino: Meu nome de guerra é Abou Leil (pai da noite).
>
> Soldado IDF: Diga, sr. Abou Leil, a qual organização terrorista você pertence?
>
> Palestino: Eu pertenço à Frente Popular de Libertação Tahrir... ops, quero dizer aterrorização da Palestina.
>
> Soldado IDF: E quando é que você se envolveu com a organização terrorista?
>
> Palestino: Quando eu fiquei sabendo o que era terrorismo.
>
> Soldado IDF: E qual era sua missão no sul do Líbano?
>
> Palestino: Minha missão era o terrorismo, em outras palavras, entrávamos nas cidades e aterrorizávamos. Onde houvesse mulheres e crianças, íamos aterrorizar. Tudo que fazíamos era terrorismo.

Nesse momento, o soldado da IDF, satisfeito por estar recebendo todas essas respostas que iam ao encontro do que esperava, pergunta:

> Soldado IDF: E você pratica terrorismo por crença em uma causa, ou simplesmente por dinheiro?

Palestino: Meu deus, só pelo dinheiro, claro. Que causa haveria? Ainda existe alguma? Vendemos tudo há muito tempo.

Soldado IDF: Me diga, onde as organizações terroristas conseguem esse dinheiro?

Palestino: De qualquer um que dê dinheiro para o terrorismo... quero dizer, dos regimes árabes que apoiam o terrorismo, é claro.

Soldado IDF: Qual é sua opinião sobre o terrorista Yasser Arafat?

Palestino: Eu juro que ele é o maior terrorista do mundo. Foi ele que nos vendeu a nós e a nossa causa. Toda a sua vida foi terrorismo.

Soldado IDF: Qual é sua opinião sobre como as Forças Israelenses de Defesa conduzem os palestinos?

Palestino: Em minha honra, nós agradecemos à IDF pelo bom tratamento a todos nós terroristas.

Soldado IDF: Você tem algum conselho para outros terroristas que ainda estão aterrorizando e atacando a IDF?

Palestino: Meu conselho é que se entreguem para a IDF porque aí irão encontrar o melhor tratamento possível.

Soldado IDF: Última coisa, sr. Terrorista, você gostaria de mandar uma mensagem para sua família?

Palestino: Quero dizer para a minha família e amigos que estou em boa saúde, e também quero agradecer à rádio inimiga por me permitir falar dessa maneira.

> Soldado IDF: Você quer dizer à Kol Yisrael, a Voz de Israel?[5]
>
> Palestino: Claro, sr., naturalmente, obrigado.[6]

A ironia dessa anedota está no fato de que um palestino nunca é tão ouvido senão quando responde precisamente do lugar que lhe é atribuído. Terrorista, bárbaro, tirânico, fanático, violento, monstruoso, misterioso, esses são alguns dos atributos que compõem a designação orientalista sobre os povos árabes, notadamente os palestinos desde a origem do conflito por território.

Aí reside um dos problemas que quero pontuar. No que se refere às intenções genocidas das forças israelenses em relação à população palestina, podemos assistir à produção de imagens-denúncias de palestinos, que, mais do que documentar a destruição em curso, parecem apelar por socorro mostrando [demais]: corpos totalmente injuriados, decepados, cadáveres etc. Tudo muito violento, tudo excessivo, sem mediação, sem proteção, em suma, imagens da carnificina, do horror. Ao assistir, beiramos o impossível. O ímpeto quase sempre é o de fugir, sair o quanto antes. Afinal, o que fazer com isso que vimos? Dos celulares particulares de cada um, nós, de fora, com nossos próprios olhos, somos designados como os olhos do mundo. Que sentidos tudo isso pode tomar?

Se, por um lado, os palestinos correm o risco de se tornarem, por isso também, ainda mais invisíveis [aos olhos do mundo] ao mostrarem demais, igualmente, uma vez esgotada grande parte dos recursos para se fazerem reconhecer, resta a força da imagem.

---

5 Kol Yisrael, ou The Voice of Israel em inglês, foi a rádio pública de Israel de 1951 a 2017.

6 Entrevista com Edward Said realizada em 1988 pelo programa *Exiles*, da BBC2. A anedota está entre os minutos 30 e 32:50. https://www.youtube.com/watch?v=7g1ooTNkMQ4&t=1207s.

Resta a redistribuição da violência[7] quando se devolve realidade para os que poderiam, a partir de fora, reconhecer o acontecimento. Gesto ambíguo, poderíamos pensar, entre fazer-se visível demais como vítima e tornar-se ainda mais invisível como suspeito. Quero dizer que vítima e suspeito são duas posições que deslizam rapidamente uma a outra. Lugares abjetos, trata-se de duas figuras de tratamento semelhantes, isto é, de redução do outro a um lugar passível de captura. Quando me deparo com a reinvindicação para que *inocentes* não sejam mortos em Gaza, me pergunto se realmente normalizamos a pena de morte como condenação, ou se, ao sublinhar que justamente *inocentes* não sejam mortos, parte-se mesmo da presunção de que palestinos são suspeitos.

Sandra Alencar, nesta obra que deixa um legado incontornável sobre esse tema, nos fala, também a partir da clínica, sobre reconhecer a perda como condição de entrada no luto para o sujeito. Aqui, a partir desses fragmentos da vida e da morte palestina, penso estarmos diante das modalidades de resistência às tecnologias necropolíticas de impedimento do luto. A partir do enclave que se tornou Gaza,[8] as imagens que nos chegam das vidas e das mortes palestinas também parecem figurar como uma garrafa no mar, com um bilhete dizendo: "Tem alguém aí? Alguém pode escutar? Alguém pode ao menos ver?".

Sandra Alencar também nos provoca a pensar na ideia de que o luto não é um assunto privado, já que vida e morte são

---

7 Jota Mombaça, em *Não vão nos matar agora* (Cobogó, 2021), nos fala sobre a redistribuição da violência como um ato político.

8 Gaza é o território com maior densidade demográfica no mundo. Ademais, é um território que vive sob um rígido controle por terra, mar e ar, submetido a constantes bombardeios e ataques pelos governos israelenses. Trata-se de um território sem soberania nacional, submetido a condições materiais escassas e controle por uma outra nação. Várias dessas características fazem diversos pensadores considerarem Gaza como uma prisão a céu aberto.

dimensões sociais e políticas. Por isso, volto ao começo, à imagem das mães chorando seus filhos enrolados em lençóis brancos, e retomo a ideia de que, diante dessa cena, participamos de funerais pelos nossos próprios celulares. Lembremo-nos que o funeral é um rito simbólico, e que uma de suas funções é inscrever a realidade do acontecimento coletivamente. Trata-se precisamente de um ato coletivo de dar nome ao acontecimento. A partir do enclave, essa parece ser uma convocação para inscrever socialmente o evento da morte. Por isso a convocação para assistir [com, para ir junto] ao funeral, pois esse não é um evento privado. E o luto adquire assim seu caráter coletivo.

O massacre palestino revela a intenção genocida em jogo. Para concluir, quero lembrar das recentes denúncias dos vários cemitérios profanados pelas forças armadas israelenses em Gaza. Cadáveres têm sido mutilados para roubo de órgãos.[9] Aqui, novamente a partir da leitura deste livro, podemos convocar a figura de Antígona e pensar que o ato de se ocupar do respeito e cuidado aos mortos se insere precisamente no campo da ética dos vivos.

---

9 Segundo matéria da CNN Brasil, até a escrita deste texto, dezesseis cemitérios foram destruídos pelas forças israelenses em Gaza. Segundo investigações, as estruturas dos cemitérios foram destruídas, os túmulos revolvidos e os cadáveres mutilados. Além disso, os cadáveres devolvidos pela IDF de palestinos a Gaza não puderam ser identificados, o que reforça a denúncia de roubo de órgãos. Vale lembrar que a profanação de cemitérios viola o Estatuto de Roma, um tratado regido pelo Tribunal Penal Internacional (TPI), de 1998, para julgar crimes de guerra e genocídio.

Pós-escrito

Para determinados setores, povos, classes, é imposta a negação de perdas sofridas. Trata-se de um ordenamento social que também se faz visível pela produção do sofrimento que marca a vida de determinados povos e populações. Partindo das formulações de Miriam Debieux Rosa sobre a dimensão sociopolítica do sofrimento e intervenções clínico-políticas, apresentei um caso clínico-político e os rumos que, a partir dele, levaram a uma experiência de intervenção no âmbito territorial. A ação no espaço social tem efeitos simbólicos, rompe o mandado de silenciamento e constitui uma dimensão coletiva do luto.

Há mandados sociais de *silenciamentos*, dimensão sociopolítica do sofrimento, cujo caso Flor, para além das particularidades e singularidades, revela um funcionamento social. A injunção de silenciar o vivido e a morte, não poder dizer, testemunhar, tem consequências para o laço social e efeitos no sujeito. Flor resiste! Seu filho lhe faz falta! Revela a impostura do que se apresenta como grande outro, simulacro de lei e de verdade, cuja obediência produz mortos-vivos.

Escute-me! Palavra inaugural do caminho que constitui a psicanálise. O que Freud aprende em sua clínica e nos transmite com sua letra constitui um método, uma teoria e uma terapêutica: a *cura pela palavra*. O que recebemos nos possibilita construções, ações, práxis, que carregam consigo registros históricos do território e da posição de quem escuta atento ao seu tempo. Escutar, diz Rosa, tem implicações; exige levantar o recalque que acomoda e faz parecer possível uma ordem dos contentes, é o que também ouvimos de Maria Rita Kehl ao abordar a atualidade das depressões como sintomas que denunciam e revelam um modelo econômico, social e político.

No mandado de silêncio, a morte de alguns, muitos, não se constitui em perda. E se Antígona diz que aquele que testemunha é um amigo, que consequências aquele mandado tem para o laço social?

A violência é tema constante das preocupações, mas há aqueles que se voltam para o debate a partir de uma cisão entre aqueles que são identificados como perpetradores da violência e os que se reconhecem apenas como possíveis alvos dela na qualidade de vítima. Nesta cena, a violência é praticada por um outro que ocupa lugar decaído socialmente. A existência do lugar social e subjetivo ao qual muitos são remetidos não comparece na cena como violência, e tais sujeitos não são reconhecidos como vítimas, são os perigosos e que devem ser eliminados ou cuja morte nãos se constitui em perda.

Muitos tempos marcam o percurso deste trabalho. Estamos em janeiro de 2024. Desde outubro de 2023, acompanhamos o atual massacre contra o povo palestino. Em 2011, quando apresentei a tese *A experiência do luto em situação de violência: entre duas mortes*, na página reservada à dedicatória, transcrevi um texto traduzido por Emir Sader, "Somos todos palestinos", do livro

Palestina, a eloquência do sangue, um trabalho fotojornalístico de Rogério Ferrari. Nele, é possível escutar e testemunhar o eloquente apelo de uma mãe. O ano é 2004, bem anterior a outubro de 2023:

> *Olhem as nossas casas. Olhem como estamos desvalidos. Olhem como só dispomos de pedras e de uma vaga esperança de justiça.*
>
> *Olhem como somos – crianças mortas, mães em prantos, mulheres viúvas, filhos órfãos. Olhem como nos imolamos por uma causa pela qual ninguém dá nem um minuto do seu tempo.*
>
> *Olhem como perdemos tudo – pátria, casa, oliveira, família, terra, rua, braço, olhos. Olhem como amanhecemos chorando e enterramos nossos mortos ontem. Olhem como nos preparamos para morrer hoje e amanhã.*
>
> *Olhem como ninguém nos olha. Olha como nos desumanizam. Olhem como nos metralham. Olhem como somos vítimas inertes diante dos fuzis automáticos.*
>
> *Olhem como nos juntamos para os enterros, para levar nossos mortos, para gritar nosso desespero e nosso abandono.*
>
> *Olhem os nossos olhos, olhem as nossas mãos, olhem os nossos filhos. . . .*
>
> *Fechem os olhos, mas nunca deixem de ver-nos como somos hoje – dominados, ofendidos, humilhados, discriminados, explorados, massacrados. E lutem conosco por um mundo de paz, de solidariedade, de tolerância, de fraternidade.*[10]

---

10 Sader, E. (2004). Somos todos palestinos. In R. Ferrari, *Palestina: a eloquência do sangue*. Edição e produção de Rogério Ferrari. (Tradução dos depoimentos

Sejamos testemunhas! Escutemos o que se passa em Gaza, nos países das periferias do sistema capitalista e nas periferias das cidades!

---

e poemas do português para o árabe Samir El Hayek e tradução dos poemas de Mahmud Darwishh do francês para o português Catarina Matta e Ana Jaleco).

Referências

Abraham, N., & Torok, M. (1995). *A casca e o núcleo* (M. J. R. F. Coracinil, Trad.). Escuta.

Adorno, S. (1989, maio/ago.). Violência urbana e justiça criminal. *Travessia: Revista do Migrante, II*(4), 17-20.

Alencar, S. L. de S. (2011). *A experiência do luto em situação de violência: entre duas mortes* [Tese de doutorado, Pontifícia Universidade Católica de São Paulo]. https://tede.pucsp.br/bitstream/handle/16919/1/Sandra%20Luzia%20de%20Souza%20Alencar.pdf.

Allouch, J. (2004). *Erótica do luto no tempo da morte seca* (P. Abreu, Trad.). Companhia de Freud.

Amarante, P., & Torre, E. H. G. (2010). Medicalização e determinação social dos transtornos mentais: a questão da indústria de medicamentos na produção de saber e políticas. In R. P. Nogueira (Org.), *Determinação social da saúde e Reforma Sanitária* (pp. 151-160). Cebes.

AND (2010, 1 set.). 20 anos da chacina de Acari. *A Nova Democracia*. https://anovademocracia.com.br/materias-impressas/20-anos-da-chacina-de-acari/

Ariès, P. (2000). *O homem perante a morte* (A. Rabaca, Trad.). Publicações Europa-América.

Barros, P. C. M. de. (2009). *"Vê se me desembaça": do apelo à demanda de crianças e adolescentes em situação de rua* [Dissertação de mestrado, Universidade Católica de Pernambuco].

Benjamin, W. (1994a). *O narrador. Considerações sobre a obra de Nikolai Leskov* (S. P. Rouanet, Trad.; 7ª ed.). Brasiliense. (Publicado originalmente em 1936)

Benjamin, W. (1994b). *A obra de arte na era de sua reprodutibilidade técnica* (primeira versão). (S. P. Rouanet, Trad.; 7ª ed.). Brasiliense. (Publicado originalmente em 1936)

Benjamin, W. (1994c). *Experiência e pobreza* (S. P. Rouanet, Trad., 7ª ed.). Brasiliense. (Publicado originalmente em 1932-1933)

Benjamin, W. (1994d). *Sobre o conceito de história* (S. P. Rouanet, Trad.; 7ª ed.). Brasiliense. (Publicado originalmente em 1940)

Berlinck, M. T. (1988). Alexandre e seus irmãos: psicanálise e pixotes? In S. A. Rodriguez & M. T. Berlinck (Orgs.), *Psicanálise dos sintomas sociais* (pp. 88-98). Escuta.

Berta, S. L. (2007). *O exílio: vicissitudes do luto, reflexões sobre o exílio político dos argentinos* (1976-1983) [Dissertação mestrado Programa de Pós-Graduação em Psicologia]. Instituto de Psicologia da Universidade de São Paulo.

Berta, S., & Rosa, M. D. (2006). As locas da Plaza de Mayo: o luto político. In N. V. A. Leite (Org.), *Corpolinguagem – Angústia: o afeto que não engana* (pp. 333-347). Mercado de Letras.

Bezerra, B. (1982). *A noção de indivíduo: reflexão sobre um implícito pouco pensado* [Dissertação de mestrado, Universidade Estadual do Rio de Janeiro].

Bodstein, R. C. de A. (1997, abr./jun.). Cidadania e Modernidade: emergências da questão social na agenda pública. *Cad. de Saúde, 13*(2), 1-13.

Bradesco Seguros. (s. d.). "Longevidade - Você dá os passos, sua vida vai longe". Circuito de corrida e caminhada da longevidade da Bradesco Seguros.

Brasil. (1990, 19 set.). *Lei 8080/90. Dispõe sobre as condições para a promoção, proteção e recuperação da saúde, a organização e o funcionamento dos serviços correspondentes e dá outras providências.* https://www.planalto.gov.br/ccivil_03/leis/l8080.htm

Brasil. (1992, 29 jan.). Ministério da Saúde. Portaria SAS/MS n. 224. https://www.saude.mg.gov.br/images/documentos/Portaria_224.pdf.

Brasil. (2001, 6 abr.). *Lei n. 10.216/2002. Dispõe sobre a proteção e os direitos das pessoas portadoras de transtornos mentais e redireciona o modelo assistencial em saúde mental.* http://www.planalto.gov.br/ccivil_03/Leis/LEIS_2001/L10216.htm.

Brasil. (2004). Conselho Nacional dos Direitos da Criança e do Adolescente (Conanda). *Lei n. 8.069/1990. Estatuto da criança e do Adolescente.*

Brasil. (2004, 30 ago.). IBGE. Brasil já tem mais de 180 milhões de habitantes (Comunicação social).

Brasil. (2020, 3 set.). Ministério da Saúde. Divergência de dados sobre Covid-19 na população indígena dificulta medidas efetivas de proteção. https://conselho.saude.gov.br/ultimas-noticias-cns/1357-divergencia-de-dados-sobre-covid-19-na-populacao-indigena-dificulta-medidas-efetivas-de-protecao.

Brasil. (2020, 26 nov.). Expectativa de vida dos brasileiros aumenta 3 meses e chega a 76,6 anos em 2019. *Agência IBGE Notícias*. https://agenciadenoticias.ibge.gov.br/agencia-noticias/2012-agencia-de-noticias/noticias/29505-expectativa-de-vida-dos-brasileiros-aumenta-3-meses-e-chega-a-76-6-anos-em-2019.

Butler, J. (2009). *Vida precária: el poder del duelo y la violencia* (F. Rodriguez, Trad.). Paidós.

Campos, M. S., & Souza, L. A. de. (2006). *Redução da maioridade penal: uma análise dos projetos que tramitam na Câmara dos Deputados*. Observatório de Segurança Pública – Boas Práticas no Estado de São Paulo; Unesp; Fapesp.

Cesaroto, O., & Leite, M. P. de S. (1984). *O que é psicanálise (2ª visão)*. Brasiliense.

Chaui, M. (1996). *Leibniz: vida e obra*. Nova Cultural. (Coleção "Os pensadores")

Chaui, M. (1998). *Colóquio Interlocuções com Marilena Chaui: ética e violência*.

Chaui, M. (1999a). *Convite à filosofia*. Ática.

Chaui, M. (1999b). Prefácio ao direito à preguiça. In P. Lagargue, *O direito à preguiça*. Editora Unesp; Hucitec.

Ciampa, A. C. (1996). *A estória do Severino e a História da Severina*. Brasiliense.

Coragem. (2024). In *Origem da palavra*. https://origemdapalavra.com.br/artigo/coragem/

Costa, F. B. da. (2004). *Homens invisíveis: relatos de uma humilhação social*. Globo.

Crochick, J. L. (1990). O conceito de representação social: a questão do indivíduo e a negação do outro. *Revista de Psicologia da USP*, *5*(1.2), 173-195.

Dunayevich, J. B., & Pelento, M. L. (1991). Las vicisitudes de la pulsión de saber en ciertos duelos especiales. In J. P.-R. Kaës (Comp.), *Violencia de Estado y psicoanálisis* (pp. 79-91). Bibliotecas Universitarias Centro Editor de America Latina e Asemblea Permanente por los Derechos Humanos.

Elias, N. (1994). *A sociedade dos indivíduos* (V. Ribeiro, Trad.). Jorge Zahar Editor.

Elias, N. (1998). *Sobre o tempo* (V. Ribeiro, Trad.). Jorge Zahar Editor.

Elias, N. (2001). *A solidão dos moribundos* (P. Detzen, Trad.). Jorge Zahar Editor.

Endo, P. C. (2005). *A violência no coração da cidade: um estudo psicanalítico sobre as violências na cidade de São Paulo*. Escuta; Fapesp.

Estêvão, I. R. (2009). *A realidade, entre Freud e Lacan* [Tese de doutorado, Instituto de Psicologia da USP].

Foucault, M. (1987). *Vigiar e punir* (L. M. P. Vassallo, Trad.). Vozes.

França-Junior, I. (s. d.). Introdução. In I. França-Junior, *Saúde Pública e Direitos Humanos*. Faculdade de Saúde Pública da Universidade de São Paulo. (Texto não publicado).

Freud, S. (1973). *El malestar en la cultura*. In S. Freud, *Obras completas* (t. 3). Biblioteca Nueva. (Publicado originalmente em [1929]1930)

Freud, S. (1980a). A dinâmica da transferência. In S. Freud, *Edição Standard Brasileira das Obras Completas de Sigmund Freud* (Vol. XII). Imago. (Publicado originalmente em 1912)

Freud, S. (1980b). A interpretação dos sonhos. In S. Freud, *Edição Standard Brasileira das Obras Completas de Sigmund Freud* (Vol. V). Imago. (Publicado originalmente em [1899]1900)

Freud, S. (1980c). Além do princípio do prazer. In S. Freud, *Edição Standard Brasileira das Obras Completas de Sigmund Freud* (Vol. XVIII). Imago. (Publicado originalmente em 1920)

Freud, S. (1980d). Algumas observações gerais sobre ataques histéricos. In S. Freud, *Edição Standard Brasileira das Obras Completas de Sigmund Freud* (Vol. IX). Imago. (Publicado originalmente em [1908]1909)

Freud, S. (1980e). Apêndice: memorando sobre o tratamento elétrico dos neuróticos de guerra. In S. Freud, *Edição Standard Brasileira das Obras Completas de Sigmund Freud* (Vol. XVII). Imago. (Publicado originalmente em [1920]1955)

Freud, S. (1980f). Análise terminável e interminável. In S. Freud, *Edição Standard Brasileira das Obras Completas de Sigmund Freud* (Vol. XXIII). Imago. (Publicado originalmente em 1937)

Freud, S. (1980g). Atos obsessivos e práticas religiosas. In S. Freud, *Edição Standard Brasileira das Obras Completas de Sigmund Freud* (Vol. IX). Imago. (Publicado originalmente em 1907)

Freud, S. (1980h). Conferência XVI: psicanálise e psiquiatria. In S. Freud, *Edição Standard Brasileira das Obras Completas de Sigmund Freud* (Vol. XVI). Imago. (Publicado originalmente em [1916]1917)

Freud, S. (1980i). Conferência XVII: o sentido dos sintomas. In S. Freud, *Edição Standard Brasileira das Obras Completas de Sigmund Freud* (Vol. XVI). Imago. (Publicado originalmente em [1916]1917)

Freud, S. (1980j). Conferência XXIII: os caminhos da formação dos sintomas. In S. Freud, *Edição Standard Brasileira das Obras Completas de Sigmund Freud* (Vol. XVI). Imago. (Publicado originalmente em [1916]1917)

Freud, S. (1980k). Conferência XVIII: fixação em traumas – o inconsciente. In S. Freud, *Edição Standard Brasileira das Obras Completas de Sigmund Freud* (Vol. XVI). Imago. (Publicado originalmente em [1916]1917)

Freud, S. (1980l). Dois verbetes de enciclopédia. In S. Freud, *Edição Standard Brasileira das Obras Completas de Sigmund Freud* (Vol. XVIII). Imago. (Publicado originalmente em [1922]1923)

Freud, S. (1980m). Fragmento da análise de um caso de histeria. In S. Freud, *Edição Standard Brasileira das Obras Completas de Sigmund Freud* (Vol. VII). Imago. (Publicado originalmente em [1901]1905)

Freud, S. (1980n). História de uma neurose infantil. In S. Freud, *Edição Standard Brasileira das Obras Completas de Sigmund Freud* (Vol. XVII). Imago. (Publicado originalmente em [1914]1918)

Freud, S. (1980o). Inibições, sintomas e ansiedade. In S. Freud, *Edição Standard Brasileira das Obras Completas de Sigmund Freud* (Vol. XX). Imago. (Publicado originalmente em [1925]1926)

Freud, S. (1980p). Introdução à psicanálise e às neuroses de guerra. In S. Freud, *Edição Standard Brasileira das Obras Completas de Sigmund Freud* (Vol. XVII). Imago. (Publicado originalmente em 1919)

Freud, S. (1980q). Luto e melancolia. In S. Freud, *Edição Standard Brasileira das Obras Completas de Sigmund Freud* (Vol. XIV). Imago. (Publicado originalmente em [1915]1917)

Freud, S. (1980r). Moral sexual "civilizada" e doença nervosa moderna. In S. Freud, *Edição Standard Brasileira das Obras Completas de Sigmund Freud* (Vol. IX). Imago. (Publicado originalmente em 1908)

Freud, S. (1980s). Notas sobre um caso de neurose obsessiva. In S. Freud, *Edição Standard Brasileira das Obras Completas de Sigmund Freud* (Vol. X). Imago. (Publicado originalmente em 1909)

Freud, S. (1980t). O ego e o id. In S. Freud, *Edição Standard Brasileira das Obras Completas de Sigmund Freud* (Vol. XIX). Imago. (Publicado originalmente em 1923)

Freud, S. (1980u). O Estranho. In S. Freud, *Edição Standard Brasileira das Obras Completas de Sigmund Freud* (Vol. XVII). Imago. (Publicado originalmente em 1919)

Freud, S. (1980v). Psicologia de grupo e análise do eu. In S. Freud, *Edição Standard Brasileira das Obras Completas de Sigmund Freud* (Vol. XVIII). Imago. (Publicado originalmente em 1921)

Freud, S. (1980w). Psicopatologia da vida cotidiana. In S. Freud, *Edição Standard Brasileira das Obras Completas de Sigmund Freud* (Vol. VI). Imago. (Publicado originalmente em 1901)

Freud, S. (1980x). Relatório sobre meus estudos em Paris e Berlim. In S. Freud, *Edição Standard Brasileira das Obras Completas de Sigmund Freud* (Vol. I). Imago. (Publicado originalmente em [1886]1956)

Freud, S. (1980y). A história do movimento psicanalítico. In S. Freud, *Edição Standard Brasileira das Obras Completas de Sigmund Freud* (Vol. XIV). Imago. (Publicado originalmente em 1914)

Freud, S. (1980z). Recordar, repetir e elaborar. In S. Freud, *Edição Standard Brasileira das Obras Completas de Sigmund Freud* (Vol. XIV). Imago. (Publicado originalmente em 1914)

Freud, S. (1980aa). Reflexões para os tempos de guerra e morte. In S. Freud, *Edição Standard Brasileira das Obras Completas de*

Sigmund Freud (Vol. XIV). Imago. (Publicado originalmente em 1915)

Freud, S. (1980ab). Sobre a transitoriedade. In S. Freud, *Edição Standard Brasileira das Obras Completas de Sigmund Freud* (Vol. XIV). Imago. (Publicado originalmente em [1915]1916)

Freud, S. (1980ac). Sobre o início do tratamento (novas recomendações sobre a técnica da psicanálise I). In S. Freud, *Edição Standard Brasileira das Obras Completas de Sigmund Freud* (Vol. XII). Imago. (Publicado originalmente em 1913)

Freud, S. (1980ad). Totem e tabu. In S. Freud, *Edição Standard Brasileira das Obras Completas de Sigmund Freud* (Vol. XIII). Imago. (Publicado originalmente em [1912]1913)

Freud, S. (2007). *Duelo y melancolía*. In S. Freud, *Obras completas* (Vol. XIV, 2. ed.). Amorrortu. (Publicado originalmente em [1915]1917)

Goffman, E. (1981). *Estigma: notas sobre a manipulação da identidade deteriorada* (M. B. de M. L. Nunes, Trad.). LTC.

Goffman, E. (2003). *Manicômios, prisões e conventos* (D. M. Leite, Trad.). Perspectiva.

Gomide, R. (9 nov. 2007). Major do Bope ironiza morte de sequestrador do 174. *Folha de S. Paulo*. http://www1.folha.uol.com.br/folha/cotidiano/ult95u344131.shtml

Gonçalves Filho, J. M. (1998). Humilhação social – um problema político em psicologia. *Revista de Psicologia da USP*, *9*(2). https://www.scielo.br/j/pusp/a/s63y4NmBfsHYpwm3gtw4wFD/

Guimarães, S. P. (2023, out. 9). Mães de Acari: 33 anos após chacina, Estado reconhece só 4 das 11 mortes. *Uol*. https://noticias.uol.com.br/cotidiano/ultimas-noticias/2023/10/09/maes-de-acari-apos-33-anos-so-quatro-das-11-vitimas-tem-

-certidao-de-obito.htm#:~:text=Os%20corpos%20das%20v%C3%ADtimas%20da,pertencia%20a%20um%20ex%2DPM.

Holanda, A. (2010). *Dicionário Aurélio da língua portuguesa.* Positivo.

Holanda, S. B. (1995). *Raízes do Brasil.* Companhia das Letras.

Jornal do Brasil. (2010, ago. 2). Nunca acreditei na Justiça, desabafa mãe de Acari. *Portal Terra.* https://www.jb.com.br/pais/noticias/2010/09/08/amp/nunca-acreditei-na-justica-desabafa-mae-de-acari.html

Junqueira, V. (2001). *Saúde na cidade de São Paulo (1989 a 2000)* (Observatório dos Direitos do Cidadão: acompanhamentos e análise das políticas públicas da cidade de São Paulo, 3). Polis/PUC-SP.

Kehl, M. R. (2009). *O tempo e o cão: a atualidade das depressões.* Boitempo.

Lacan, J. (1986). *Hamlet por Lacan* (C. Berliner, Trad.). Escuta; Liubliú. (Publicado originalmente em 1959)

Lacan, J. (1997). *O seminário, livro 7: a ética da psicanálise (1959-1960)* (A. Quinet, Trad.). Jorge Zahar Editor.

Lacan, J. (1998). *O seminário, livro 11: os quatro conceitos fundamentais da psicanálise (1964)* (M. D. Magno, Trad.). Jorge Zahar Editor.

Lacan. J. (2002). *O seminário, livro 6: o desejo e sua interpretação (1958-1959).* Publicação não comercial. Circulação interna da Associação Psicanalítica de Porto Alegre.

Lacan, J. (2005). *O seminário, livro 10: a angústia (1962-1963)* (V. Ribeiro, Trad.). Jorge Zahar Editor.

Lacan, J. (s. d.). *Shakespeare, Duras, Wedekind, Joyce* (E. Martinho, Trad.). Assírio & Alvim.

Lispector, C. (1999). Mineirinho. In C. Lispector, *Para não esquecer*. Rocco.

Marx, K. (1985). *A miséria da filosofia* (J. P. Netto, Trad.). Global. (Publicado originalmente em 1847)

Marx, K. (1999). *O capital, livro primeiro* (Os Pensadores). Nova Cultural. (Publicado originalmente em 1867)

Marx, K. (2005). *Introdução à crítica da filosofia do direito de Hegel*. Boitempo. (Publicado originalmente em 1843)

Mbembe, A. (2016). Necropolítica. *Revista do PPGAV/EBA/UFRJ*, (32), 123-151.

Melman, C. (2000). *Clínicas psicanalíticas: artigos e conferências* (L. M. F. Bernadino, Trad.). Agalma; Editora da UFBA.

Melo Neto, J. C. (1994). Tecendo a Manhã - Poema de João Cabral de Melo Neto (escritas.org). In J. C. de Melo Neto, M. de Oliveira (Org.), *Obra completa* (p. 345). Nova Aguilar. (Biblioteca luso-brasileira. Série brasileira). https://www.escritas.org/pt/t/11508/tecendo-a-manha.

Menes, C. (2011, 9 mar.). Ecos da escravidão - Violência - Nunca o fosso entre a segurança de brancos e negros foi tão grande no Brasil. Enquanto o número de assassinatos de um cai, o dos outros segue em alta. *Carta Capital*, *XVI*(636), 24-28.

Messuti, A. (2003). *O tempo como pena* (T. A. Dix Silva & M. C. V. de Toledo, Trad.). Editora Revista dos Tribunais.

Miller, J.-A. (2002). A transferência de Freud a Lacan. In J.-A. Miller, *Percurso de Freud a Lacan: uma introdução* (A. Roitman, Trad.). Jorge Zahar Editor.

Nepomuceno, E. (2009, 19 ago.). Guerra civil 2 – Livro reúne depoimentos sofridos e agudos de familiares de vítimas de chacina no Rio de Janeiro. *Carta Capital*, *XV*(559), 26-29.

Nogueira, K. (2011, fev.). É preciso saber viver. *Revista Alfa Homem: inteligência x boa vida x elegância x atitude*, (6).

Organização Mundial de Saúde (OMS). (2008). *Classificação Estatística Internacional de Doenças e Problemas Relacionados à Saúde* (CID-10). Edusp.

Pacheco Filho, R. A. (1997, jan./dez.). O conhecimento da sociedade e da cultura: a contribuição da psicanálise. *Psicologia e Sociedade*, *9*(1-2).

Pinho-Fuse, M. X. (2022). *Luto à flor da pele: tatuagens* in memoriam *em leitura psicanalítica*. Blucher.

Plon, M. (2006). Nosso tempo e a psicanálise. In A. M. Rudge (Org.), *Traumas* (pp. 91-100). Escuta.

Quinet, A. (2000). *As 4+1 condições da análise*. Jorge Zahar Editor.

Radar Covid-19 Favela. (2022, jul. 26). 32 anos: uma homenagem às mães de Acari. *Le Monde Diplomatique Brasil*. https://diplomatique.org.br/32-anos-uma-homenagem-as-maes-de-acari/

Reich, W. (1977). *Materialismo dialético e psicanálise* (J. J. M. Ramos, Trad.). Presença.

Reich, W. (1989). *Materialismo dialéctico y psicoanálisis* (R. V. H. de Sevilla, Trad.). Siglo XXI Editores.

Rosa, M. D. (2001). O ato psicanalítico na clínica com crianças. *Literal*, *4*, 141-150.

Rosa, M. D. (2002). Uma escuta psicanalítica de Vidas Secas. *Textura: Revista de Psicanálise*, (2), 42-47.

Rosa, M. D. (2004, set.). A pesquisa psicanalítica dos fenômenos sociais e políticos: metodologia e fundamentação teórica. *Revista Mal-estar e Subjetividade*, *4*(2), 329-348. http://pepsic.bvsalud.org/scielo.php?script=sci_arttext&pid=S1518-61482004000200008.

Rosa, M. D. (2010, 31 mar.). O jovem e o adolescente na cena social: a relação identificação, ato e inserção no grupo social. In *Políticas Públicas em Debate. Seminário Juventudes: Presente e Devir*. Fundap.

Rosa, M. D. (2016). *A clínica psicanalítica em face da dimensão sociopolítica do sofrimento*. Fapesp; Escuta.

Rosa, M. D., Carignato, T. T., & Berta, S. L. (2006, jan./jun.). Ética e psicanálise diante da realidade, dos ideais e das violências. *Ágora*, *9*(1), 35-48.

Rouanet, S. P. (2006). Os traumas da modernidade. In A. M. Rudge (Org.), *Trauma* (pp. 141-156). Escuta.

Roudinesco, E., & Plon, M. (1998). *Dicionário de psicanálise* (V. Ribeiro & L. Magalhães, Trad.). Jorge Zahar Editor.

Sader, E. (2004). Somos todos palestinos. In R. Ferrari, *Palestina: a eloquência do sangue*. Edição e produção de Rogério Ferrari. (Tradução dos depoimentos e poemas do português para o árabe Samir El Hayek e tradução dos poemas de Mahmud Darwishh do francês para o português Catarina Matta e Ana Jaleco).

Santos, M. (2002). *A natureza do espaço: técnica e tempo, razão e emoção*. Edusp.

Santos, M. (2007). *Pensando o espaço do homem*. Edusp.

São Paulo (Prefeitura). (2000, 3. trimestre). Variável raça/cor e mortalidade no município de *Boletim PRO-AIM*, (41). http://

www.prefeitura.sp.gov.br/cidade/secretarias/saude/publicacoes/index.php?p=8345.

São Paulo (Prefeitura). (2006). A questão da violência em São Mateus. *Boletim PRO-AIM*, (47).

São Paulo (Prefeitura). (s. d.). Dados Demográficos dos Distritos pertencentes as Subprefeituras. http://www.prefeitura.sp.gov.br/cidade/secretarias/subprefeituras/subprefeituras/dados_demograficos/index.php?p=12758.

Shakespeare, W. (2010). *O primeiro Hamlet – in-quarto de 1603* (J. R. O'Shea, Trad.). Hedra. (Publicado originalmente em 1603)

Sófocles. (2003). *Antígona* (M. Fernandes, Trad.). Paz e Terra. (Publicado originalmente em 441 a.C.)

Valor. (s. d.). In *Enciclopédia Significados*. https://www.significados.com.br/valor/

Žižek, S. (2017). *Acontecimento: uma viagem filosófica através de um conceito*.

Referências audiovisuais

Nascimento, L. C. (2009). *Luto como mãe*. Brasil. Documentário, 70 min.

Padilha, J. (2002). *Ônibus 174*. Brasil: Riofilme. Documentário, 133 min.

Tendler, S. (2001). Encontro com Milton Santos: o mundo global visto do lado de cá. Documentário, 120 min.

Anexo A
Nunca acreditei na Justiça, desabafa mãe de Acari[1]

Relato de Marilene Lima de Souza, 58 anos:

– Confesso que me sinto sem forças. É um vazio... O caso Acari para mim é dividido em dois momentos: quando ocorre, tem a questão da impotência, de ter acontecido longe de mim, de eu não ter conseguido defender minha filha. E a incompetência. Não fui capaz de encontrar a minha filha, não consegui colocar ninguém na cadeia. Eu me sinto completamente incompetente.

– Eu achava um masoquismo terrível a Vera (outra mãe de Acari) falar que a filha dela havia sido a oitava a ser jogada na jaula. Eu achava terrível isso. Não cabe na minha cabeça imaginar que minha filha tenha virado comida de leão. O que leva um ser humano a fazer esse tipo de ação?

– Quando a gente se organizou há vinte anos, o objetivo principal era achar nossos filhos. Não vou nem dizer para você que

1 Cf. a reportagem completa em: https://www.jb.com.br/pais/noticias/2010/09/08/amp/nunca-acreditei-na-justica-desabafa-mae-de-acari.html

tínhamos a ilusão de que condenaríamos os culpados. Eu só queria saber o que realmente aconteceu com minha filha. É muito triste você não ter certeza de nada. Depois de vinte anos, eu te digo: o crime prescreve e eu não tive o direito de enterrar minha filha.

Anexo B
Major do Bope ironiza morte de sequestrador do 174[1]

Absolvido pela Justiça da acusação de assassinato, o major do Bope Ricardo Soares narrou em palestra a cerca de 130 policiais de todo o país como o sequestrador do ônibus 174, Sandro do Nascimento, 21, morreu dentro de um camburão no Rio, em junho de 2000. O relato foi feito no fim de semana, em Porto Alegre.

"Eu não fiz questão realmente de ressuscitá-lo muito, não. Foi embora!", declarou, provocando risos na plateia. "Vou ser sincero: entre ele e eu, vai ele, porque tenho muita vida pela frente, se Deus quiser", disse. Soares – capitão do Bope em 2000 – descreveu como, após resistência de Nascimento no carro policial, asfixiou o criminoso até ele desfalecer.

"Embarquei junto com Sandro. [...] Ele lutou muito conosco. Dois camaradas, dois soldados, estavam segurando as pernas dele, ele me mordeu, tentou se livrar do golpe e eu acabei apertando o pescoço dele, e aí ele desfaleceu. E eu não fiz questão realmente

---

1 Cf. a reportagem completa em: http://www1.folha.uol.com.br/folha/cotidiano/ult95u344131.shtml.

de ressuscitá-lo muito, não. Foi embora! (risos) A verdade é essa", disse, em relato gravado pela *Folha*.

Polêmica

O major Ricardo Soares, do Bope, disse à *Folha* por telefone que contou o episódio do ônibus 174 para os policiais alunos do curso "porque muita gente falou besteira na época" sobre o caso e há "curiosidade" em razão da repercussão. Soares disse que não pretendia criar polêmica. "Até porque já fui absolvido, já está resolvido."

O major do Bope negou ter usado de ironia na descrição da morte de Sandro do Nascimento e reclamou que o caso só é lembrado pela morte da professora Geísa Firmo Gonçalves e do criminoso. "Salvamos dez dos onze reféns e só se frisou a morte da menina – que foi ele, como já comprovado", disse.

Série Dor e Existência

Os contrabandistas da memória, de Jacques Hassoun

De um trauma ao Outro, de Colette Soler

Do luto impedido ao luto coletivo: um caso clínico-político, de Sandra Luzia de Souza Alencar

Ensaios apócrifos: a-bordagens psicanalíticas, de Ana Paula Gianesi e Conrado Ramos

Luto à flor da pele: as tatuagens in memoriam *em leitura psicanalítica*, de Miriam Ximenes Pinho-Fuse

A sobrevivência do desejo nos sonhos de Auschwitz, de Samantha Abuleac

GRÁFICA PAYM
Tel. [11] 4392-3344
paym@graficapaym.com.br